幼儿安全教育丛书 · 高丙成 / 丛书主编

幼儿园安全防护
实用手册

曹雪梅 / 主编

YOU'ERYUAN
ANQUAN FANGHU
SHIYONG
SHOUCE

北京师范大学出版集团
BEIJING NORMAL UNIVERSITY PUBLISHING GROUP
北京师范大学出版社

图书在版编目(CIP)数据

幼儿园安全防护实用手册/曹雪梅主编. —北京：北京师范大
学出版社，2024.3
ISBN 978-7-303-28482-5

Ⅰ.①幼… Ⅱ.①曹… Ⅲ.①幼儿园－安全管理－手册
Ⅳ.①G617-62

中国版本图书馆 CIP 数据核字(2022)第 242500 号

图书意见反馈：gaozhifk@bnupg.com 010-58805079
营销中心电话：010-58802755 58800035

出版发行：北京师范大学出版社 www.bnupg.com
北京市西城区新街口外大街 12-3 号
邮政编码：100088

印 刷：优奇仕印刷河北有限公司
经 销：全国新华书店
开 本：710 mm×1000 mm 1/16
印 张：12.75
字 数：230 千字
版 次：2024 年 3 月第 1 版
印 次：2024 年 3 月第 1 次印刷
定 价：49.00 元

策划编辑：苏丽娅 罗佩珍 责任编辑：王丽芳
美术编辑：陈 涛 焦 丽 装帧设计：陈 涛 焦 丽
责任校对：陈 民 责任印制：马 洁 赵 龙

丛书编委会

本书编委会

主　编　曹雪梅

副主编　尹　磊

编　委　(按姓氏拼音排序)

安戈锋　蔡　静　陈爱玲　陈　皓
李　佳　李　硕　李卫芳　刘佳佳
刘玉忠　宋　颖　田　颖　张　晶

为幼儿安全保驾护航

儿童的安全、 健康成长， 事关亿万家庭的幸福、 社会的和谐稳定。幼儿园应当是最阳光、 最安全的地方之一。 党中央、 国务院以及各部门高度重视幼儿园安全工作， 出台了系列政策文件， 对校园安全工作提出了明确要求， 并采取了系列措施来保护幼儿园安全。 近年来， 我国幼儿园整体环境持续好转， 各种安全隐患逐年降低， 安全风险防控体系逐步健全， 幼儿园安全形势总体稳定。 但是， 由于受多种因素影响， 幼儿园安全工作还存在制度不完善、 不配套， 预防风险、 处理事故的机制不健全， 意识和能力不强等问题。

为了更好地贯彻落实国家相关文件精神， 切实加强幼儿园安全工作，总结幼儿园安全工作的经验， 凝练幼儿园安全工作研究新进展， 汇集各地幼儿园安全工作的成功案例， 探讨幼儿园安全工作的路径方式， 完善幼儿园安全风险化解机制， 提高幼儿园安全管理工作水平， 构建科学系统、 全面规范、 职责明确的幼儿园安全风险防控体系， 切实维护师生人身安全， 保障幼儿园平安有序， 我们和北京师范大学出版社策划了这套"幼儿安全教育丛书"。

一、 丛书背景及价值

在"幼儿安全教育丛书"出版过程中， 我们始终坚持"服务决策""指导实践""创新理论"三位一体的整体推进思路， 希望有助于改进幼儿园安全工作、 服务幼儿园安全政策、 深化幼儿园安全研究， 为幼儿安全保驾护航。

（一）改进幼儿园安全工作

加强和改进幼儿园安全工作是全面贯彻党的教育方针，保障幼儿健康成长、全面发展的前提和基础。近年来，各级党委和政府把维护幼儿园安全作为一项重要任务，相关部门不断强化落实幼儿园安全保卫和监管责任，提升人防、物防、技防能力，建立全覆盖的幼儿园安全风险防控体系。幼儿园把保护幼儿生命安全和健康放在首位，落实园长安全主体责任，健全各项安全管理制度和安全责任制，强化法治教育和安全教育，提高家长安全防范意识和能力，完善安全措施和应急反应机制，使幼儿园安全体制机制不断完善。但是，由于受各种因素影响，幼儿园安全问题仍然时有发生。2019 年中国教育科学研究院对全国 31 个省(区、市)的 9 060 所幼儿园的 72 812 名幼儿园园长和教师的调查发现，幼儿园容易发生的安全事故包括摔伤（76.5％）、同伴玩耍（76.5％）、传染病（72.5％）、运动安全（69.9％）、烫伤（68.3％）、食物中毒（66.3％）、踩踏（56.7％）、校园伤害（53.2％）、消防安全（51.3％）等。本套丛书的编写有助于引导幼儿园进一步提高对安全工作重要性的认识，牢固树立安全发展理念和生命至上、安全第一的思想，强化安全工作红线意识；有助于幼儿园不断完善安全风险管控机制，严格落实各项管理制度和措施，将安全管理融入日常工作的全过程；有助于指导幼儿园建立健全安全事件应急管理机制，制定安全风险清单，完善、细化各项应急处置预案，落实人员职责，做好安全防范和隐患化解工作，进一步加强和改进幼儿园安全工作。

（二）服务幼儿园安全政策

习近平强调："人民安全是国家安全的宗旨。"[1]党中央、国务院出台系列重要政策文件引领幼儿园安全工作方向。《国务院关于当前发展学前教育的若干意见》强调"强化幼儿园安全监管……建立全覆盖的幼儿园安全防护体系"。《国务院办公厅关于加强中小学幼儿园安全风险防控体系建设的意见》强调"加快形成……科学系统、全面规范、职责明确的学校安全风险预防、管控与处置体系"。《中共中央　国务院关于学前教育深化改革

---

[1]　中共中央宣传部：《习近平新时代中国特色社会主义思想学习纲要》，179 页，北京，学习出版社、人民出版社，2019。

规范发展的若干意见》强调"幼儿园必须把保护幼儿生命安全和健康放在首位","建立全覆盖的幼儿园安全风险防控体系"。《"十四五"学前教育发展提升行动计划》提出"严格落实幼儿园安全主体责任和有关部门安全监管责任，建立全覆盖的安全风险防控体系"。这些政策措施的出台进一步明确了幼儿园安全工作的目标，提出了幼儿园安全工作的基本要求，规定了幼儿园安全工作的重点任务，完善了幼儿园安全工作的体制机制。按照党中央、国务院的决策部署，各地围绕幼儿园安全防范、安全管理、安全教育、安全处置、安全督导等方面进行了全方位的探索与实践，涌现出了许多幼儿园安全工作的先进做法、成功经验、典型案例。本套丛书的编写非常注重总结、提炼各地幼儿园安全工作的先进经验，分析、梳理各地幼儿园安全工作的成功做法，汇集挖掘各地幼儿园安全工作的典型案例，以期为幼儿园安全工作提供可资借鉴参考的优秀成果，为制定幼儿园安全相关政策和措施提供客观依据和研究支持。

（三）深化幼儿园安全研究

幼儿园安全问题引起了家长和社会各界人士的高度重视与广泛关注。研究者重点对幼儿园安全制度建设、安全预警防范、安全教育演练、安全管理、安全事故处理、安全督导检查、安全保障等方面进行了研究和探索，相关理论日渐丰富，学术水平也不断提高。这些研究进一步丰富了幼儿园安全的相关研究成果，加深了人们对幼儿园安全的认识和了解。2018年，中国教育科学研究院立项了中央级公益性科研院所基本科研业务费专项资助"幼儿园安全状况及风险防控机制研究（GYC2018001）"课题。在研究过程中，课题组对全国幼儿园安全状况及幼儿园安全教育、幼儿园安全管理等问题进行了较为系统的研究，对我国幼儿园安全工作有了更全面、深入的了解。随着研究的不断推进，我们发现，无论是对幼儿园安全标准、教师安全素养、安全保障机制等政策性问题的研究，还是对幼儿园安全教育、安全管理、安全事故处理等实践性问题，以及幼儿园安全课程建设、安全工作现状等学术性问题的研究都不够丰富，相关研究还难以有效满足服务决策、指导实践的要求。在本套丛书的编写过程中，我们重点对幼儿园安全政策、安全状况、安全管理、安全防护、安全教育等方面进行了全面系统的研究探讨，以期更好地拓宽幼儿园安全的研究领域，形成具有中国特色、中国风格、中国气派的幼儿园安全理论研究成果；更好地发挥幼儿园安全研究的实践引领作用，引导各地区有针对性地改进幼儿园安全工作；更好地提升幼儿园安全研究的服务决策科学化水平，为建立健全幼儿园安全的相关政策提供学术支持和研究依据。

二、丛书主要特点

丛书编写过程中力求凸显以下主要特点。

（一）科学性

本套丛书组织我国13个省(区、市)的学前教育科研院所科研人员、高校教师、幼儿园的教师和园长等成立编写组，广泛汇集多方力量，力争做到"梳理政策法规，把握研究进展，聚焦实践问题"。在编写过程中，编写组注重对国内外幼儿园安全相关政策进行系统的梳理分析，积极响应国家对幼儿园安全问题的科学部署和基本要求；注重广泛借鉴国内外幼儿园安全相关研究成果，积极吸收国内外优秀研究成果和先进经验；注重深入分析全国31个省(区、市)幼儿园园长、教师、家长的实践经验、问题、困惑与诉求，深刻把握新时代幼儿安全实践面临的新问题，并根据新要求新变化提出新方法新策略，以期达到政策分析、理论研究与实践探讨相统一的目的。

（二）全面性

本套丛书以保护儿童安全和健康为出发点和落脚点，从幼儿的生活实际出发，以幼儿的生活经验为背景，以家庭、幼儿园、社会生活中常见的与安全有关的政策、研究及实践问题为主要内容，科学设计供园长、教师、家长等不同群体使用的幼儿安全教育手册。丛书内容不仅包括幼儿园安全政策与法律法规解读、我国幼儿园安全发展报告，还有对幼儿园安全管理与防护、安全教育等实践经验的梳理；不仅从幼儿园园长、教师、家长等视角设计、构建了幼儿园安全管理与防护内容体系，而且从幼儿园教育、家庭教育的视角设计了与安全教育工作相关的内容体系，力求多角度、全方位构建幼儿园安全工作体系。

（三）实用性

本套丛书围绕幼儿园安全教育和安全防护中存在的突出问题、工作需求、重点任务展开，通过深入分析全国各地区幼儿园安全教育工作中的先进经验、成功做法、典型案例、实用策略等，旨在发现问题、找准需求、分解任务、提供对策，着力解决幼儿园安全工作中的困惑和问题，提供有针对性的对策和建议，为幼儿园安全工作提供借鉴和参考，提高园长、教师、家长的安全意识和能力，提高幼儿感知、体悟、躲避危险的能力。

（四）可读性

本套丛书在写作上力求政策解读灵活多样、生动活泼，理论阐述层次分明、通俗易懂，案例分析生动翔实、简洁清晰，注重理论通俗化、经验具体化、案例故事化、策略实操化，以清晰的逻辑、简明的方式直观形象地呈现内容，力争做到行文流畅、思路清晰、图文并茂、可读性强。

感谢刘占兰研究员的悉心指导和专业引领，感谢各分册主编和合作者的认真准备与辛勤付出，感谢姚贵平、罗佩珍、刘晟蓝等老师的精心策划和细心编辑，感谢中国教育科学研究院领导、同事对幼儿园安全工作的无私帮助和热情支持。正是由于多方的支持和共同努力，本套丛书才能够顺利出版。由于水平所限，疏漏在所难免，敬请各位批评指正。

高丙成

2022 年 3 月

儿童的健康成长关系到人类的未来、国家的希望和家庭的幸福。世界卫生组织和联合国儿童基金会的报告显示，全球每天有 2 000 多个家庭因非故意伤害或"意外事故"失去孩子，致使这些家庭支离破碎；当孩子成长至 5 岁时，非故意伤害成为他们健康和生命的最大威胁，也是致残的一个主要原因，并会对儿童生活的各个方面造成持久的影响。[1] 在我国，据不完全统计，每年至少有 1 000 万儿童受到各种形式的意外伤害，约占儿童总数的 10%。其中，约有 10 万儿童因此死亡，有近 50 万儿童因此残疾。[2] 给予儿童良好的照顾，使其免受伤害，降低危害儿童身心安全的风险，是数十年来国际组织、各国政府和相关人士一直努力实现的目标，至今仍然任重道远。"儿童因身心尚未成熟，在其出生以前和以后均需要特殊的保护和照料"，这既在 1959 年联合国大会通过的《儿童权利宣言》中得以申明，也在 1989 年通过的《儿童权利公约》中被重申铭记。作为缔约国，我国为了更好地践行公约，于 1991 年发布了《中华人民共和国未成年人保护法》（以下简称《未成年人保护法》），对 0～18 岁儿童的家庭保护、学校保护、社会保护、司法保护等均单章单列，明确提出了保护儿童身心健康、加强对儿童的安全教育、保护儿童的人身安全和人格权益等具体要求。因此，幼儿的安全保护既是世界《儿童权利公约》的重要内容，也是我国《未成年人保护法》的基本要求。应该说，对学前儿童的安全保护，既是家庭和社会的

---

[1] 世界卫生组织、联合国儿童基金会：《世界预防儿童伤害报告》，前言，2012。

[2] 中华人民共和国教育部、联合国儿童基金会：《让孩子远离伤害——幼儿安全教育与安全管理手册》，2 页，2021。

共同责任，也是幼儿园工作的首要任务。

近年来，保证幼儿的安全已经成为事关亿万家庭幸福、社会和谐稳定的重要因素。由于多种复杂的因素，幼儿的安全事故时有发生，幼儿园的安全事件较多。党和国家高度重视幼儿安全问题，出台了系列政策文件引领校园安全方向，明确校园防控体系和应急路径。例如，《中共中央 国务院关于学前教育深化改革规范发展的若干意见》强调："强化安全监管……建立全覆盖的幼儿园安全风险防控体系。"各级地方政府和相关部门高度重视幼儿园安全工作，采取了一系列措施来保障幼儿园及周边安全；幼儿园也积极构建安全防护体系。各级部门具体落实多种措施，确保幼儿园安全形势总体稳定，并积累了很多经验；理论研究和实践研究也积极关注安全问题，未雨绸缪，取得了诸多进展。

我的同事，青年学者高丙成老师协同学前教育领域和安全教育领域的专家学者、教研人员、园长和教师，用他的专业研究、实践经验、前瞻性思考和责任担当，组织编写了这套"幼儿安全教育丛书"，力图反映研究的最新进展，汇集各地的有效经验，构建以幼儿园为基本单位、以保护幼儿为工作重点的安全防护体系。这套丛书具有基于综合研究、针对问题需求、汇集实践经验、重点保护儿童等主要特点，对开展相关研究、了解主要困境、解决常见问题、提高幼儿园安全防护水平和幼儿的安全自护能力，都具有重要启发意义和借鉴价值。

第一，基于综合研究。在本丛书中，《中国幼儿园安全发展报告》是一项具有研究特点的成果，对幼儿园安全政策进行了系统分析；对我国主要幼儿园安全教育的经验进行了比较研究；基于对我国 31 个省（区、市）9 060 所幼儿园的 72 812 名教师的调查，全面细致地分析了幼儿园安全教育的现状与问题；并在此基础上对我国幼儿园安全体系建设提出了建议。这些基于研究的分析和阐释，对于开展幼儿园安全教育的相关研究，了解现实状况，进行政策和路径分析与前瞻性思考，都有启发意义和借鉴价值。

第二，针对问题需求。基于大数据的分析研究，编写组了解并梳理了幼儿园容易发生的安全事故和教师认为幼儿园需要开展的安全教育活动。丛书包括校园、社会、居家等各个场所的安全教育，涵盖幼儿身体安全和心理安全两个层面，包含意外伤害、交通安全、卫生饮食安全、自然灾害防范安全、电器与电子产品安全及运动与游戏安全等诸多方面。也正是针对这些幼儿园常见的问题和幼儿教师的工作需求，编写组对丛书内容进行了设计和梳理，以期保护幼儿的基本安全，满足教师的日常工作需要。

第三，汇集实践经验。多年来，广大幼儿教育工作者本着关爱幼儿、热爱教育事业的专业理念和工作态度，在幼儿园和班级层面，遵循相关政策法规的要求和职业操守，尽心尽责、大胆实践、勇于探索，积累了丰富、有效、可推广的实践经验。丛书的主编正是基于广泛总结、提炼各地经验的视角，组织了来自全国多个省(区、市)的编写者，力图使丛书更广泛地汇集实践经验，也使其具有更广泛的适用性。

第四，重点保护儿童。丛书名为"幼儿安全教育丛书"，顾名思义是立足于幼儿园安全教育，同时凸显了重点保护儿童的核心理念和基本思想。各册的内容不仅涵盖了幼儿园安全管理、安全防护的方方面面，通过理念分析、案例剖析、百问百答等多种方式，兼顾幼儿园教职工各项工作中的安全问题，而且以幼儿安全为核心，兼顾家庭安全防护的常见问题；不仅建构了安全防护的体系和屏障，而且设计了旨在增强幼儿的主体意识、提高幼儿自我防护能力的安全教育活动。我们相信通过幼儿园和家庭的协作，幼儿的自我保护意识和能力定会有所增强，幼儿园与教师、家长共同努力构筑的安全防护体系定能发挥联合效应，更好地呵护幼儿的健康成长。

当然，我们还必须时刻清醒地认识到，由于幼儿园安全问题具有复杂性和动态性，幼儿稚嫩脆弱，缺乏自我保护能力，每一位和幼儿接触的工作者特别是与幼儿近距离接触的保教人员，必须牢固树立安全第一的意识，具备保护幼儿的基本知识和基本能力，具有关注情况变化、处理紧急事件的敏锐性和应对措施，承担起"在任何危险情况下优先保护幼儿"的使命和责任。安全无小事，疏忽酿大错！宁可多做一点，也不能粗心大意错过半点。让我们点亮幼儿安全教育的明灯，陪伴幼儿走过童年的幸福人生。

刘占兰

2022 年 3 月

用生命守护生命，用责任担起历史的重托

幼儿是民族的希望，是国家的未来。《幼儿园教育指导纲要（试行）》中指出："幼儿园必须把保护幼儿的生命和促进幼儿的健康放在工作的首位。"可见儿童在园安全、健康地成长是幼儿园管理工作的首要任务。 毛泽东曾为陕甘宁边区战时儿童保育院题词道："好生保育儿童。"北京市六一幼儿院的前身是延安第二保育院，建院初期，康克清同志提出"保教合一"的理念，指导幼儿院的一切工作。 实现"好生保育儿童"，做好"保教合一"，"保"是前提。 在战火纷飞的特殊年代，"保育"更多地诠释着对生命的守护，对革命火种的延续，对幼儿安全的高度重视。 1945 年建院初期，为了给幼儿提供良好的居住环境，保证他们的生命安全和身体健康，在经济落后、财力困乏的情况下，全院"保教战士"们克服重重困难，在延安小砭沟的山坡上打出了一排排窑洞，在孩子居住的窑洞中设置有活动室、洗脸间、饭厅，每个窑洞后边还预留了防空通道，以防敌机空袭。 可见，党中央在筹建工作上可谓是煞费苦心，全体保教人员以"一切为了孩子"的信念开展工作。 这是六一幼儿院安全管理工作的最初探索，也是六一幼儿院建院的初心和使命，保护儿童的生命安全高于一切。

1946 年，保育院在奉命转移的途中，全体保教人员护送 136 名幼儿，在马背上的托床里经历了四次转移，孩子们被背过、担过、骡马驮过。 翻过了险峻崎岖的山岭；战胜了各种疾病和危害；突破了敌人的层层封锁线，多次遭到敌机扫射、轰炸……尽管一步一个困难，时刻都有危险，但在党、

政、军领导的关怀和人民的支持下，全院人员发扬了"大人在，孩子在，大人不在，孩子也要在"的无私奉献精神，做好充足的预案和防备措施，保护了所有孩子的安全，于1949年9月25日平安到达北京，创造了幼教史上的奇迹。 这是六一人用生命守护生命带给后人的震撼与感动。 这段感人的历史也为今天幼儿园的安全管理工作打下了坚实的基础，在所有六一教师的心中，保护幼儿的安全是第一要务，是开展一切活动的前提和保障。

近些年，随着教育改革的不断深入和教育环境的复杂多元化，幼儿园安全管理工作呈现出了新的特点和问题。 在和平年代，没有战争的威胁，幼儿的生命安全得到了极大的保障。 但是幼儿园安全管理的责任落实、各项技术安全防范、实体防范、人力防范设施的建设完善等成为安全管理工作中急需解决的新问题。 2017年4月国务院发布《国务院办公厅关于加强中小学幼儿园安全风险防控体系建设的意见》，对校园安全的预防、管控和处理分别做出了系统规定。 2019年9月北京市教委发布《北京市中小学校幼儿园安全管理规定（试行）》，搭建出了学校安全管理工作的总体框架。由此可见，中小学、幼儿园的安全管理工作意义重大。 幼儿园是幼儿一日生活的主要场所，而幼儿年龄较小，缺乏自我保护的意识和能力，一日生活丰富多彩，不同活动中的安全防护要求与目标也不尽相同，如何在保障幼儿安全的前提下开展活动，在活动中提升幼儿的安全意识与能力，成为我院近些年在安全管理工作中不断思考与实践的内容。

幼儿园安全管理是一个系统工程，需要从人员、设备、制度、管理等多个层面入手，细化责任，齐抓共管，层层落实，构建幼儿园安全风险防控管理体系。 因此我们成立了幼儿院安全工作领导小组，监督幼儿院各项工作的计划、组织与实施。 从院级、年级组到班级个人，签订安全责任书，让人人都知晓工作中的岗位安全责任。 在这样的安全工作机制下，每个人心中都有了责任意识，每次活动中都能自觉地将安全作为第一要务去思考和落实。

新冠疫情发生以来，我们对生命健康与安全前所未有地重视。 在疫情发生的第一时间，幼儿院确立疫情防控预案，组织教师、家长、幼儿配合安全管理工作，共同为幼儿的安全保驾护航。 时时处处有安全教育，时时刻刻有安全学习。 从管理者、教师到家长、幼儿，让每个人意识到了安全的重要性。

幼儿园一日生活皆课程，幼儿的学习随时发生，同时也伴有安全隐患的可能性。 从来院签到到区域自主游戏、教育活动、生活活动、户外活动等一日生活的各个环节，教师首先应具备敏锐的安全隐患觉察能力，其次要选择适宜幼儿游戏、学习的环境和材料，根据幼儿的年龄特点和身体发育情况，开展适宜的教育活动。 在安全管理工作中，我们提出了幼儿活动实施的"六有"原则。 规定每项活动都要有安全预案、有详细方案、有对接表、有过程照片、有总结反思、有宣传，促使教师从细微处思考幼儿的需要，将幼儿的安全、健康放在第一位，才可能实现全面发展的目标。 此外，教师在开展安全管理工作中，也需要给幼儿创造在活动中去体验、感知和操作的机会，为幼儿建立安全意识提供条件。 例如，夏季幼儿院里花团锦簇，小蜜蜂们采蜜忙。 有些孩子看到蜜蜂没有安全意识，喜欢去接近，扑打蜜蜂。 在教师眼中，这应是一次可以开展关于蜜蜂的安全教育活动的契机。 让幼儿在生活中学习知识，认识大自然，同时树立安全意识。

过去，安全是对生命的守护，今天，安全是履职尽责。 我们坚守"大人在，孩子在，大人不在，孩子也要在"的光荣信念。 在新时期，我们以幼儿为本，建立健全幼儿院安全管理体系，为幼儿的生命健康和家庭的幸福贡献力量，共同为幼儿的成长保驾护航！

曹雪梅

于 2022 年 3 月

目　录

CONTENTS

第一章

生活活动中的安全防护

【安全目标】

1. 提高安全意识，了解安全工作的原则是积极预防。

2. 掌握生活活动中各环节的安全工作内容。

3. 为幼儿创造卫生、清洁的生活环境和安全的心理环境。

4. 环境中有幼儿参与设计的安全生活规则提示。

5. 结合幼儿的日常生活，引导幼儿学习自我保护的方法和技能，让幼儿知道关心和保护自己。

第一节　来园

来园是幼儿园一日生活的开始，来园环节既包含来园途中的交通安全，也包括来园物品、环境准备方面的安全及幼儿的活动安全、身心健康方面的安全。 安全有序的来园环节能够为幼儿创设愉快的生活氛围，让一日生活从这里顺利展开。 尤其需要坚持以预防为主的原则，关注成人、幼儿的安全意识的培养。

一、来园易出现的安全问题及防护措施

来园经常出现的安全问题既有来自幼儿来园路上的交通安全、来园时的健康与情绪状态、幼儿服装配饰及携带药品的安全，也有来自教师晨间接待活动的组织安全。 针对这些方面可能存在的安全隐患，教师应该具备较高的防范意识和科学有序的处置能力。

来园易出现的安全问题及防护措施

交通安全问题

教师：向家长强调乘车、路上行走等安全方面的注意事项，宣讲交通规则及意义。

保育员：引导幼儿遵守右侧通行，手扶栏杆上下楼梯，在走廊轻声慢步等好习惯。

家长：加装安全座椅，按要求停车，手牵着幼儿过马路，提示幼儿注意观察来往车辆。

保健医：做好晨检前的准备工作。

幼儿独自来园

教师：加强安全教育，让幼儿知道外出时不能离开成人视线；提示家长将幼儿送到教师手中再离开。

保育员：发现单独行动的幼儿要及时关注，并陪幼儿等待家长或护送回班级。

家长：与幼儿商定在外出活动时，不能离开家长视线；对幼儿能够注意安全的良好行为要及时表扬鼓励。

保健医：体检时发现独立入园的幼儿，提示幼儿在原地等待，和家长一同入园。

传染性疾病未愈来园

教师：与家长保持联系，做好患病幼儿的病情追踪；提示家长开具幼儿痊愈证明后方可入园。

保育员：加强日常消毒等预防性工作。

家长：幼儿患病期间与老师保持联系；幼儿痊愈后及时开具痊愈证明和复课证明后再送幼儿入园。

保健医：做好幼儿入园时的体检工作；发现幼儿异常情况及时沟通处理，做好记录和追踪；及时了解患有传染病幼儿的病情及治疗情况。

携带危险物品

教师：当幼儿需要带小物品来园时，教师要提前与家长沟通。

保育员：及时收放好幼儿所带物品，发现危险物品及时处理。

家长：做好幼儿来园物品准备，不带零食和玩具；确有需要带的物品，到园后第一时间交给老师。

保健医：体检时如发现幼儿携带有安全隐患的物品，提示家长对幼儿进行安全教育。

药物登记错误

教师：提示家长做好药品登记并签字；服药前对照《服药记录表》检查药品，做到登记信息、药品、幼儿一一对应；如果发现登记信息与实际不符，与家长联系。

保育员：将药品存放在幼儿接触不到的位置；服药时依据《服药记录表》信息进行服药。

家长：为幼儿携带的药品要有OTC标识，药盒上有明确的服用说明，仔细填写《服药记录表》，详细登记幼儿姓名、药品名称、服用时间、服用剂量，家长签写姓名。

保健医：配合班级做好药品管理工作，发现药品登记与实际不符时及时与家长联系。

情绪不稳定导致跑失、碰伤

教师：及时安抚、稳定幼儿情绪；组织有关情绪管理的教育活动。

保育员：配合教师做好个别幼儿安抚和陪伴。

家长：关注引发幼儿产生情绪问题的原因；鼓励幼儿开心入园；与教师交流情况。

情绪不稳定造成咳嗽、呕吐

教师：及时安抚、稳定幼儿情绪，随时关注情绪不稳定幼儿的情况。

保育员：处理呕吐物和幼儿有污渍的衣服，及时请保健医检查。

家长：幼儿情绪不好时，避免在来园途中，通过饮食安抚幼儿的情绪。

服装不适宜

教师：提供适宜幼儿活动的服装参考；发现幼儿穿着不适宜的服装，要及时为其更换。并在离园环节与家长沟通。

保育员：发现不适宜的服装及时和教师沟通；并帮幼儿缝好松动的纽扣。

家长：为幼儿穿便于运动安全舒适的服装；在幼儿园为幼儿准备安全、舒适的备用衣服；经常检查幼儿衣服的纽扣、拉链等是否完好，鞋是否合脚。

班级教师配合不当

教师：根据班级空间选择合适的站位；在更换站位时，提示保育员及时补位。

保育员：当个别幼儿有个性需求需要暂时离开集体时，要及时关注和陪伴。

家长：跟孩子约定规则：孩子需要离开的时候，要和成人打招呼，不能擅自离开。

二、典型案例分析与解读

飞毛腿小西

------家长陪同幼儿入园的安全问题

（一）案例描述

清晨，楼道里传来"哒哒哒""哈哈哈"的跑步声、笑声，我走出班级一看，原来是小西跑着进来了，身边却没有护送的家长。我走过去打招呼："小西早上好！谁送你来的？"小西说："老师早上好！爷爷送我来的。"过了一会儿，小西的爷爷才走过来，气喘吁吁地说："一进大门就跑了，追都追不上。"听到爷爷的话，我赶紧请爷爷在门口的小椅子上坐下休息，然后蹲下身和小西说："你看，你跑得太快，爷爷都追不上了，如果你不小心摔倒受伤了，是不是都没有人能帮你了？而且爷爷年纪大了，跑不动，会累的。"小西听了，看看我，又看看爷爷，认真地点了点头。

（二）案例分析

清晨的来园环节，是一天活动的开始，每天开园后的半小时，教师会在班级门口等候幼儿的到来，并与家长进行幼儿的交接工作。 但是往往会出现一些幼儿离开父母，独自跑到班中或是到其他地方玩耍的情况。 造成这些问题的原因主要有以下两点。

1. 幼儿入园时兴奋的情绪状态使其忽略跟随家长入园的要求。

度过了分离焦虑期的幼儿对于来园不再抵触，尤其是中、大班的幼儿，来到熟悉的环境、大门口遇到同班的伙伴、发现新奇与喜欢的游戏等，这些事情都会让他们处于比较兴奋的状态，和伙伴一起比赛谁先到教室或是飞奔到喜欢的游戏场地。 在这样的情况下，幼儿的注意力很容易被转移，忘掉离开家人可能会带来的危险。

2. 家长缺少安全意识，没有对幼儿进行正确的引导。

家长缺少安全意识，认为幼儿到了幼儿园就不会出现走失，不会出现危险。 同时幼儿跑在前、家长跟在后面已经成为很多家庭外出时的一种模式，家长习以为常。

（三）出谋划策

综上所述，针对幼儿来园环节无家长陪同的安全问题，教师要提前有所思考，在组织来园环节时，从幼儿来园安全教育和家长来园安全意识培养两方面入手，在安全防护上有更多的考虑，避免在来园过程中安全事故的发生。

1. 设置科学合理的入园环节，引导幼儿养成良好的入园习惯。

大多数幼儿对于早上来园离开家人、独自跑进班中的危险有一定的认识，但是在兴奋的状态下很容易忽略。因此教师要根据幼儿的年龄特点，设置科学合理的来园环节，让幼儿养成良好的入园习惯。

游戏作为幼儿的主导活动，对幼儿的身心发展、教育养成有重要的作用。教师要利用游戏中有价值的信息、因素对幼儿进行生动、直观、形象而又综合的教育，调动幼儿内在的积极性，如将"小手拉大手一起去郊游"的游戏迁移运用到早上的来园签到环节，只有早上来园时一直牵着家长的手、与家长一起走到班级的小朋友，才能插上自己的小红旗，以此来培养幼儿的入园规则意识。

2. 充分发挥故事的教育作用，强化幼儿来园的安全意识。

故事是幼儿了解世界、认识事物、表达自己情绪情感的媒介，同时听故事、读绘本也是幼儿非常喜欢的事情之一。当发生这种入园后幼儿脱离家长的监护独自玩耍的有代表性的事件后，教师一定要有安全教育意识，将发生的事情以故事的形式讲述给幼儿，与全班幼儿共同讨论，可以极大地调动幼儿的参与兴趣。"故事里发生了什么？""为什么会发生这样的事情？""应该怎么做？""你有什么好方法？"等，在分析故事、帮助故事里的人物认识到问题的同时，也在不断强化幼儿自身的安全意识。

3. 家园建立约定，共同培养幼儿来园的安全意识。

对幼儿的安全教育单靠幼儿园是远远不够的，需要家园合力，家长应密切配合幼儿园，强化幼儿的安全意识。教师要积极做好来园安全的宣传工作，使家长明白培养幼儿安全来园的方法和途径，增强家长的安全意识和责任感。对于习惯撒开家长的手、到处跑的幼儿，家长要与幼儿共同商量来园的约定，建立、遵守来园规则。例如，入园"手递手"，即家长牵着幼儿的手递到教师手里才是安全的交接，并配合教师及时反馈幼儿的表现，进一步强化幼儿的来园安全意识。

（北京市六一幼儿院　李　迪）

安全小贴士 ＞＞＞＞＞＞＞

入园体检方法

1. 观察：幼儿的精神状态、面色、着装等。
2. 触摸：体温。

3. 检查：面部皮疹、咽部、手心，排除手足口等疾病。

幼儿入园时着装注意事项

上衣：帽衫上尽量不要有绳子，防止绳子勒住幼儿的脖子；衣服上的装饰物要尽量少，不要有太多亮钻类装饰，防止装饰物影响幼儿活动，避免出现饰物划伤幼儿或饰物脱落出现误吞咽的现象。

裤子：裤腰以松紧的为宜，不穿带拉链的裤子，防止被拉链夹伤；不穿背带裤，避免背带给幼儿活动带来不便；夏季裤子最好过膝盖，防止露膝盖造成磕伤。

鞋子：鞋子大小要适宜，防止鞋子过大造成摔倒；尽量不穿系带鞋，防止脚踩到鞋带绊倒；尽量不穿露脚趾的凉鞋，防止露脚趾造成磕碰。

第二节　进餐

进餐环节包括早餐、午餐、晚餐及加餐，是幼儿一日生活中重要的组成部分。养成良好的进餐习惯是幼儿健康成长的重要保障，虽然每一次进餐时间不长，但由于幼儿年龄较小，不良的进餐行为将极大地危害幼儿的健康成长，如幼儿挑食、进餐拖拉时间、餐具使用不当及进餐中的其他不良行为习惯等。本节将针对这些可能存在的隐患提出一些应对方法和策略，使幼儿在享受美味、补充营养的同时，养成良好的进餐习惯。

一、进餐环节易出现的安全问题及防护措施

进餐环节的安全问题有餐前准备的安全、幼儿取餐与进餐的安全、食品与餐具的安全及餐后活动的安全等。在这个过程中，保教人员不仅要关注环境的安全卫生，还要严格按照操作标准分餐，保证幼儿有序取餐和进餐，更要帮助幼儿养成良好的饮食习惯，这样才能全面保证幼儿的进餐安全。

进餐环节易出现的安全问题及防护措施

餐前大量运动造成餐后肠胃不适
- 教师：饭前半小时组织幼儿开展适宜的安静活动。
- 保育员：做好餐前准备、消毒等工作；配合教师餐前开展分组如厕、盥洗活动。
- 保健医：对教师进行科学进餐的宣讲，指导教师引导幼儿科学进餐。
- 家长：在家中引导幼儿养成良好的进餐习惯；创设宽松、愉悦的进餐氛围。

幼儿误碰、误食消毒液
- 教师：提示幼儿不触碰消毒水及消毒工具；不饮用可疑瓶子里的饮料。
- 保育员：正确使用消毒液；消毒液要放在幼儿无法接触到的地方，并贴上相应标签。
- 保健医：定期检查班级消毒用品的摆放及使用情况。

卫生不达标
- 教师：按照分餐要求为幼儿分餐；专用物品定期清洗消毒；定期检查教师个人卫生；建议佩戴一次性口罩。
- 保育员：严格执行幼儿园餐前桌面消毒标准，消毒液在桌面停留时间不少于20分钟。
- 保健医：指导、培训餐前消毒工作；随时抽查班级各项卫生消毒工作。

取餐拥挤造成碰撞
- 教师：合理安排取餐位置和设计取餐路线；注意分流幼儿取餐人数；引导幼儿双手端稳，眼睛看路。
- 保育员：在专用餐桌、餐车上进行分餐；引导幼儿取餐时有序排队；关注已取完餐的幼儿端餐的方法及行走状态。

食物过敏
- 教师：掌握本班幼儿用餐的特殊需求；提示保育员分餐时关注特殊幼儿。
- 保育员：了解班中幼儿身体状况及饮食需求，根据幼儿特殊需求进行分餐。
- 保健医：为班级提供幼儿详细的身体状况名单；超重、体弱、过敏等；为有特殊需求的幼儿提供合理膳食。
- 家长：主动向教师介绍幼儿容易过敏的食物及必要的特殊需求。

饭菜烫伤
- 教师：为幼儿发餐时，避免因幼儿晃动撞到教师或其他小朋友，造成餐烫伤漏；根据幼儿能力安排取餐方式。
- 保育员：及时做好餐食降温；发餐不从幼儿头顶经过；提示幼儿等一等、吹一吹再吃。
- 保健医：安排制作餐食的时间及保温方法；指导班级教师学习烫伤的处理措施。
- 家长：引导幼儿通过观察食物热气、轻触餐具外壁温度或是小口尝试确定食物是否能够立即食用，掌握生活技巧。

餐具扎伤
- 教师：指导幼儿餐具的正确使用，并随时关注和引导幼儿不玩弄餐具。
- 保育员：指导幼儿正确使用餐具；发现不适宜行为要及时制止并进行引导。
- 保健医：到班级开展宣教活动，对幼儿进行安全进餐的教育。
- 家长：在家中引导幼儿用正确的方法独立进餐，不玩餐具，以免发生危险。

卡刺
- 教师：提前知晓每日菜谱；带幼儿学习剔除骨头、鱼刺等的方法。
- 保育员：分餐时将鱼和菜分开发放；提示幼儿细嚼慢咽；可帮助低龄幼儿剔除鱼刺。
- 保健医：根据幼儿的进餐情况，制定健康、适宜的菜谱。
- 家长：在家中食用有刺、有骨头的食物时，引导幼儿学习正确的食用方法。

坐姿不当造成磕碰
- 教师：关注幼儿的坐姿情况，及时进行提示。
- 保育员：配合主班教师，关注幼儿的坐姿情况，及时进行提示。
- 保健医：对幼儿进行健康宣教，引导幼儿正确的坐姿、睡姿、站姿等。
- 家长：关注幼儿在家中的进餐习惯，保持良好的坐姿。

噎到
- 教师：保证适宜的进餐时间；教给幼儿咀嚼食物的方法；培养幼儿文明进食习惯。
- 保育员：引导幼儿细嚼慢咽；对有特殊需求的幼儿进行关注与指导。
- 保健医：培训教师掌握海姆利克急救法，指导班级教师了解幼儿科学健康的进餐常识。
- 家长：引导幼儿养成良好的进餐习惯；食不言、细嚼慢咽、饭菜搭配，营养均衡等。

进食量过大造成食物反流
- 教师：引导幼儿合理膳食；关注幼儿的进餐量；餐后安排散步、安静游戏等环节。
- 保育员：掌握幼儿的进餐量，做到心中有数；对反复添饭的幼儿要多加关注和引导。
- 保健医：对幼儿进行有关健康进餐的宣讲教育。
- 家长：主动向教师介绍幼儿的食量；配合幼儿园进行科学膳食。

牙齿非正常脱落
- 教师：关注换牙的幼儿及咀嚼有困难的幼儿进餐情况，及时给予提示和帮助。
- 保育员：为咀嚼有困难的幼儿提供更细碎的食物，提示幼儿细嚼慢咽。
- 保健医：为换牙幼儿提前普及换牙期的卫生保健常识，消除幼儿对换牙的恐惧心理。
- 家长：及时告知班级教师幼儿的换牙情况。

二、典型案例分析与解读

热腾腾的食物
------进餐中的食物太热怎么办?

（一）案例描述

吃完米饭，龙龙到汤桶前盛汤，他一手端着碗，一手拿着勺子，盛了满满的一勺，在倒汤的瞬间，把很热的汤汁溅到了手上，龙龙一下子将碗扔到地上，大哭了起来。教师看到后，迅速查看了龙龙手部的情况，又急忙带龙龙到水池边，用冷水冲洗。

晚餐环节，幼儿正在安静地进餐，突然听到"哇"的一声，小花一边大哭，一边吐着舌头，教师急忙走过去安抚她，原来是喝粥烫了舌头，于是忙将小花领到盥洗室漱口。等小花情绪稳定了，小花委屈地抽噎道："这个粥太烫了，舌头疼。"

（二）案例分析

为了让孩子们舒舒服服地进餐，食堂都会按时按点将饭菜准备好，一般饭菜送到班级时温度已合适，但类似于汤、粥等散热比较慢的流质食物，还是会有一定的安全隐患。如幼儿喝到热粥烫到嘴巴、汤汁洒到胳膊上、身上，造成这些问题主要有以下几个原因。

1. 教师忽略对流质食物温度的关注、处理。

夏季天气热，饭菜不容易冷却，尤其是粥、汤一类的食物，幼儿的衣着又相对比较单薄，如果有热粥或热汤洒下很容易出现红肿等烫伤情况。同时幼儿的皮肤娇嫩，每个幼儿的皮肤感觉也不一样，往往成人没有觉得很烫的食物，对有的幼儿来说，可能会造成伤害。

2. 幼儿自我服务能力差，自我保护意识比较薄弱。

在家进餐时，幼儿习惯被家人照顾，汤或者粥都是由家人盛好、试温，晾凉后再食用；当幼儿在幼儿园独立进餐时，面对美味的食物，往往会忽略汤粥的温度，尤其是独立操作盛汤时，自我服务能力较弱，自我保护意识不足，就会出现洒汤等烫伤情况。

3. 教师缺乏对幼儿进餐方法的现场指导。

教师对于幼儿食用汤、粥等食物前没有做到及时提示，进餐中也没有及时关注到幼儿某些行为可能带来的危险。例如，在幼儿初步尝试自己盛汤时，班中没有安排教师站在汤桶前指导幼儿，没有关注到幼儿盛汤量过多，倒得太快可能会出现的危险，以致没能第一时间给予帮助，指导纠正幼儿的不适宜行为。

（三）出谋划策

综上所述，教师在组织幼儿进餐时，要在准备和指导环节有充分的铺垫，应在安全行为上有更多的考虑，避免幼儿在进餐过程中发生安全问题。

1. 进餐前关注食物的温度，做好准备工作。

关注饭菜的温度是教师在幼儿进餐前需要做的一项重要的准备工作。尤其是汤、粥等流质性食物，散热慢，需要保育员查看流食温度，可以用手摸桶外是否烫手的方法来测温，教师要视具体情况决定怎样给食物降温，可以把汤桶放在冷水盆中降温，也可以把汤舀到广口盆里加快汤的散热速度，并在幼儿进餐前提示幼儿注意，如果觉得食物烫，要吹吹再吃，保证幼儿安全进餐。

2. 对幼儿进行安全进餐方法的指导，让幼儿有规避危险的意识和能力。

班级两位教师要合理站位，相互配合，能够关注到每一名幼儿，尤其是在幼儿刚刚尝试自己盛菜盛汤时，要及时给予指导和帮助，关注幼儿容易出现操作不当的地方。例如，在幼儿初学盛汤时，教师要提示幼儿盛汤时勺子放低，每次少盛一些，慢点倒汤，防止溅出烫伤；喝汤时可以慢点入口，自己试着吹一吹再喝；要双手交换盘子和碗，确保不打翻盘子和碗；当出现洒汤、洒粥时，要第一时间站起来离开，避免热汤流到身上，然后再请教师帮忙。

3. 规范进餐中教师的操作行为，避免意外事故的发生。

进餐中，教师要规范操作，将汤、粥等递给幼儿时，要从幼儿的侧面传送，不要将汤碗从幼儿的头顶举过；在食物的摆放上，要将汤桶、粥桶放在离幼儿较远的位置，放在固定的餐桌上，避免因汤桶的不稳定而发生倾倒现象，杜绝这些进餐中的安全隐患。

（北京市六一幼儿院　李　迪）

第三节　过渡环节

过渡环节泛指从一个活动到另一个活动过渡、衔接的中间阶段。饮水与如厕前后、午饭午睡前后、户外游戏前后、离园前等都被称为过渡环节。

幼儿在过渡环节主要是自主活动，涉及的空间广、物品较多，是幼儿园安全事故的高发时段。

过渡环节的安全与否，会因幼儿和教师安全意识的强弱、师幼人员比例、教师组织的差异以及班级空间大小等因素而不同。因此，为确保过渡环节的安全，教师一定要坚持以预防为主的原则，提升安全意识，消除安全隐患，使幼儿更加自主有序地完成从一个活动到另一个活动的过渡。

一、过渡环节易出现的安全问题及防护措施

过渡环节易出现的典型安全问题有场地与活动转换过程中的安全、幼儿在交往过程中的矛盾冲突造成的安全问题等。针对这些问题，家园联手共同保护幼儿的安全。

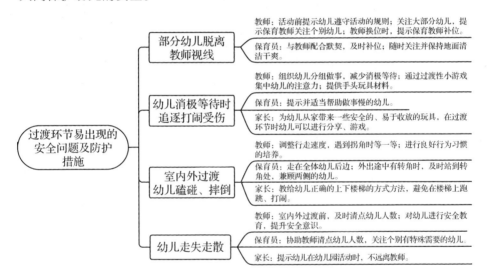

二、典型案例分析与解读

一个也不能少
------过渡环节防走失的安全及注意事项

（一）案例描述

开学初，小班两位教师带着幼儿从户外返回班级，幼儿全部跟着教师，一个也没有少。班级内保育员正在做消毒桌面工作，还不能进入班级，所以主班教师看护部分幼儿在走廊玩玩具，配班教师带个别幼儿进入室内如厕。消毒桌面工作做好了，主班教师又数了一遍幼儿，一个也没有少，教师走在前面，剩余幼儿跟着进班。幼儿如厕盥洗时，教师习惯性地数了数，

心跳瞬间加速，少了一个幼儿！又数了一遍，还是少一个！少了谁？再按照男孩女孩分类数，教师发现小睿不见了。赶紧问班里的其他教师，大家都没关注到。主班教师立刻将班内幼儿交给配班教师，并出去寻找。走廊里没有，楼梯上也没有，主班教师的心跳更快了，想着幼儿不应该跑很远呀。又回到班级问了问，小睿还是没有回来，教师更加担心、焦虑，返身又出去。突然想到，班级门与隔壁班级门一模一样，小睿会误去隔壁班吗？走进一看，发现隔壁班的教师正在问小睿是哪个班级的，而小睿一脸懵，一声不吭。

图 1-1　返回班级

图 1-2　走失的小睿

（二）案例分析

过渡环节涉及不同地点的转换，转换过程中，师幼间距离也会拉得过长，如果教师未及时清点人数，没有关注到全部幼儿，易发生幼儿走失的重大事故。本案例中走失幼儿虽失而复得，但也让班级教师有种坐过山车似的心跳。小睿走失主要原因有以下几个。

1. 教师的站位未关注到全部幼儿。

从走廊到室内，仅仅涉及一个转弯的地点过渡，小睿却消失不见，当教师再次清点人数时才发现。究其原因，教师的站位出现了问题，一位教师在前带着全部幼儿，没有在拐弯处稍作停留，没有关注到全部幼儿，导致小睿走失。

2. 在班级门口活动的安全感让教师疏忽大意。

案例中主班教师很注意清点人数，有防走失的意识。但是教师凭经验认为在走廊里玩游戏这种室内活动一般不会出现走失问题，导致疏忽大意，没注意到走廊上还有隔壁班级的门，从走廊到班级不足 5 米的距离却造成小睿走失。

3. 两个班级相邻，门一模一样，缺少明显的标记。

小睿是刚入园的幼儿，对于班级位置还不熟悉。 当两个班级位置相邻，且门一模一样时，因看不到前边教师，教师也没有看到她，导致她认错班门，进错班级。

4. 幼儿缺乏防走失的安全意识与能力。

幼儿年龄小，刚进入幼儿园，缺乏规则意识以及紧跟着成人的安全意识。 案例中的小睿曾在日常活动中因外界的吸引，独自脱离集体，单独游戏。 这次过渡环节中，当教师组织全体幼儿进入班级时，小睿在后玩着墙面玩具，没有第一时间行动，紧紧跟着教师，导致走失。 同时小睿缺乏走失后的解决办法，不知道如何应对，当隔壁班教师想帮助她解决问题，找到她自己的班级时，小睿不会回答教师的问题，也说不清楚自己是哪个班级的。

（三）出谋划策

幼儿入园后活动空间进一步拓展，陌生的环境对幼儿极富挑战性，同时幼儿天生好奇爱动，喜欢跑来跑去进行探索，因此，教师在带着幼儿去户外玩的时候，一定要注意幼儿的动向，教师要提前思考，采取预防措施，杜绝走失情况的发生。 此外，教师和家长也要及时教导幼儿一些必要的防走失知识，做好预防工作。

1. 教师站位合理，确保关注到全部幼儿。

带班教师要相互配合来完成照顾全部幼儿的任务，三位教师可以采取前、中、后的站位，两位教师采取前、后站位。 教师还要注意当出现位置变化时，要站在两个位置的连接处，关注到两个位置的全部幼儿，避免幼儿因脱离教师的视线，出现丢失、走散的现象。

如遇特殊情况只有一位教师带班时，建议教师安排相对集中的安静的活动；或是教师走在前面，面向幼儿，倒着走或侧着走，保证幼儿全部在视线范围内。

2. 教师对容易走失的幼儿要重点关注。

教师对班级幼儿要心中有数，要特别关注规则意识薄弱、容易走散或被外界吸引的幼儿。 当游戏活动结束时，当与其他班级交叉时，当从一个地点转换到另一个地点时，除了面向全体幼儿进行提示，还要对个别幼儿进行指导，同时注意勤清点人数，避免幼儿因贪玩、注意力不集中与班级走散。

3. 设立班级独特的标识，帮助幼儿快速找到自己的班级。

小班幼儿刚入园，师幼之间彼此不是很熟悉，可以通过戴卡通头饰、动物标识牌等办法，吸引幼儿及时跟上自己的班级队伍，当幼儿在园内与班级走散时，可以通过辨别卡通形象找到班级，及时归队；或是班级与班级交叉时，醒目的头饰易区分是哪个班级的幼儿，便于教师找到自己班级的幼儿。

当两个班级位置相对较近，从室外回到班级，幼儿容易走错。教师可以和幼儿共同商量，倾听幼儿的想法，在班级门上创设自己班级独有的标记，防止走错。

4. 开展防走失安全教育活动，提高幼儿的自我保护能力。

有了外在的防控，教师还要教会幼儿安全意识，让他们有躲避危险的能力。

（1）通过故事对幼儿进行防走失教育。

告诉幼儿，外出时，要紧紧跟着成人，不远离成人。通过给幼儿讲《汤姆走丢了》《迷路的小花鸭》等绘本绘画故事，随着故事情节的展开，让幼儿感同身受，强化幼儿防走失的安全意识。

图 1-3 《汤姆走丢了》　　　　图 1-4 《迷路的小花鸭》

（2）采用谈话法进行防走失教育。

采用具体谈话问答的形式，教给幼儿自我解救的有效方法，提高幼儿应对走失的能力。让幼儿了解具体情境下走失了应该怎么办。如果在幼儿园里找不到班级，一定要记住自己是哪个班的，并主动寻求大人的帮助；如果与父母外出时走失，要知道主动寻求身边工作人员的帮助，还要记住父母的姓名、电话或是家庭住址。

（3）利用"游戏""情景表演"等形式进行安全教育。

可以让不同的幼儿和教师扮演角色，进行游戏或者模拟真实情景表演，开展"找不到班级怎么办？""没有及时跟着集体发生了什么可怕的事？"等一系列"防走失"的安全教育活动，让幼儿在活动中真实体验，增强防走失意识，提高自我防护能力。

（北京市六一幼儿院　郑旭颖）

午睡环节包括睡前准备和睡眠。午睡对幼儿的成长非常必要。高质量的午睡，从长远来说，影响着幼儿的生长发育、身体健康；而最直接的影响是幼儿在下午的活动状况。在午睡这种看似静态的生活活动中，也暗藏波澜。保证幼儿在午睡环节的安全，是幼儿园安全工作的一项重要内容。

一、午睡环节易出现的安全问题及防护措施

午睡环节除了要执行午睡常规流程之外，教师还要从午睡环境、幼儿身体状态、幼儿午睡习惯等方面关注幼儿的午睡情况。同时，教师还要关注幼儿午睡期间发生的异常状况，防范幼儿在午睡期间发生安全事故。

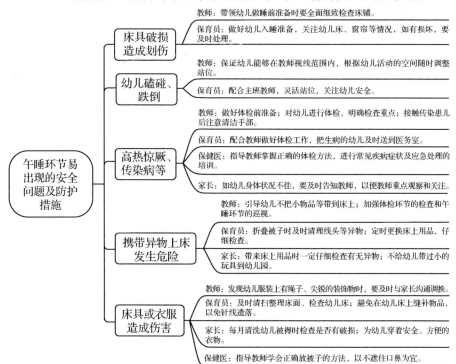

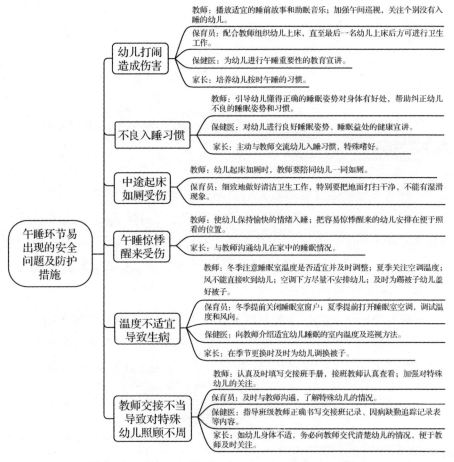

午睡环节易出现的安全问题及防护措施

- 幼儿打闹造成伤害
  - 教师：播放适宜的睡前故事和助眠音乐；加强午间巡视，关注个别没有入睡的幼儿。
  - 保育员：配合教师组织幼儿上床，直至最后一名幼儿上床后方可进行卫生工作。
  - 保健医：为幼儿进行午睡重要性的教育宣讲。
  - 家长：培养幼儿按时午睡的习惯。
- 不良入睡习惯
  - 教师：引导幼儿懂得正确的睡眠姿势对身体有好处，帮助纠正幼儿不良的睡眠姿势和习惯。
  - 保健医：对幼儿进行良好睡眠姿势、睡眠益处的健康宣讲。
  - 家长：主动与教师交流幼儿入睡习惯、特殊嗜好。
- 中途起床如厕受伤
  - 教师：幼儿起床如厕时，教师要陪同幼儿一同如厕。
  - 保育员：细致地做好清洁卫生工作，特别要把地面打扫干净，不能有湿滑现象。
- 午睡惊悸醒来受伤
  - 教师：使幼儿保持愉快的情绪入睡；把容易惊悸醒来的幼儿安排在便于照看的位置。
  - 家长：与教师沟通幼儿在家中的睡眠情况。
- 温度不适宜导致生病
  - 教师：冬季注意睡眠室温度是否适宜并及时调整；夏季关注空调温度；风不能直接吹到幼儿；空调下方尽量不安排幼儿；及时为踢被子幼儿盖好被子。
  - 保育员：冬季提前关闭睡眠室窗户；夏季提前打开睡眠室空调，调试温度和风向。
  - 保健医：向教师介绍适宜幼儿睡眠的室内温度及巡视方法。
  - 家长：在季节更换时及时为幼儿调换被子。
- 教师交接不当导致对特殊幼儿照顾不周
  - 教师：认真及时填写交接班手册，接班教师认真查看；加强对特殊幼儿的关注。
  - 保育员：及时与教师沟通，了解特殊幼儿的情况。
  - 保健医：指导班级教师正确书写交接班记录、因病缺勤追踪记录表等内容。
  - 家长：如幼儿身体不适，务必向教师交代清楚幼儿的情况，便于教师及时关注。

二、典型案例分析与解读

午睡前的小仪式

------幼儿睡前准备中的安全要点及实施策略

（一）案例描述

　　班级幼儿午睡前，有一个小小的仪式。教师蹲在睡眠室的门口，为每一位幼儿送上大大的拥抱，并与幼儿双手击掌，送上午安的祝福。

　　这天午睡前，辰辰走到教师身边，把小手悄悄地背在身后，教师和他拥抱时，他的双手还是不自然地背在身后。当教师伸出双手要和他击掌时，他笑着对教师说："今天不用了！"教师对他说："击掌后我还要对你说甜甜的祝福呢！我还知道你今天一定有个小秘密。"他听到教师的话后，不好意思地把手伸了出来。原来，手心里藏着一颗"红宝石"串珠……

午睡准备时，长辫子的小朋友将皮筋、发卡等头饰全部取下放到指定的位置，丫丫头发短，妈妈在头顶处给她扎了一个小辫，丫丫特别喜欢这个发型，午睡时她对老师说："老师，妈妈说小辫子不影响睡觉，中午不用摘下。"教师也没做进一步的工作，而是尊重了丫丫的选择，丫丫没有取下皮筋，扎着小辫子上床了。过了一会儿，班里的妞妞突然对教师说："老师，丫丫将头发上的小皮筋解下来缠在胳膊上。"教师一听马上走过去，只见丫丫将细小的皮筋在手腕处缠绕了两圈，勒出了一道痕迹，教师赶忙帮她取下皮筋，发现被皮筋勒过的地方有些瘀血……

（二）案例分析

午睡准备是午睡活动中的前期铺垫，是确保午睡活动顺利进行的必要环节，此环节是安全午睡的基础，需要引起充分的重视。

1. 幼儿夹带上床的物品带来的安全隐患。

许多幼儿都有着自己的睡眠习惯，有的幼儿喜欢拿着自己喜欢的物品陪伴入睡；有的幼儿会把自己喜欢的小物品带到床上，睡不着时玩耍，消磨时间，无形中养成了不良的睡眠习惯，同时会隐藏着许多安全隐患，容易造成危险。如果教师没有及时发现幼儿手中的"红宝石"，幼儿在睡觉时将"红宝石"放进嘴里，可能会造成卡嗓子或是吞咽到肚子里的事故。

2. 不严格的睡前检查造成的安全隐患。

午睡仪式的创设可见教师对于幼儿午睡安全有关注，有措施，能够通过击掌、抱一抱等检查，避免幼儿带异物上床。但是对于案例中"小皮筋"的出现，教师因为丫丫的诉求而放弃了不带异物上床的原则，没能严格执行睡前检查，没能及时提醒幼儿解下皮筋，造成了案例中皮筋缠手的现象。如果班级教师没有及时发现，长时间勒住，会出现局部血液循环不好，导致皮肤出现缺血性坏死等现象。

3. 幼儿对自己行为后果的预见性较差，自我保护意识较弱。

幼儿天性好玩，却又常常不能预见自己行为所导致的危险，所以容易发生安全事故。丫丫睡前摘下皮筋摆弄，想的仅仅是好玩，自己睡不着时有事可做，但是不知道皮筋缠在手腕上，缠的圈数越多、箍得越紧，就越易对手部造成缺血、坏死等伤害。幼儿生活经验缺乏，不能预见自己行为的后果及可能造成的意外伤害。

4. 家长缺乏午睡安全意识。

案例中的妈妈给幼儿梳辫子时使用了小而细的皮筋，还告诉幼儿午睡时可以不用解下来，可见妈妈缺乏午睡安全意识，不知道幼儿在午睡时会玩皮筋，没意识到玩皮筋会有什么危害，这是造成危险发生的一个原因。

（三）出谋划策

午睡是幼儿园安全管理的重要环节，遵循幼儿午睡管理常规，切实做好睡前准备，能有效防止午睡安全事故的发生。

1. 创新温馨的睡前午检形式，保障睡前午检的有效落实。

教师可以通过案例中午睡前的小仪式——拥抱、击掌送祝福的形式，改变直接生硬地检查幼儿是否带异物上床的办法，通过"抱一抱""拍一拍"的方法，在与幼儿建立情感联结，给幼儿心理关怀、情绪安抚的同时，对幼儿进行午睡前的全面安全检查。通过这种睡前午检形式，教师不但可以感受到幼儿睡衣内是否有异物，还能通过触觉了解幼儿的体温，近距离观察幼儿的肤色，及时发现体温异常的幼儿。

2. 做细致的睡前午检，不漏掉任何细微的异常情况。

睡前午检包括物品检验和幼儿准备状态检查，教师要检查幼儿所穿的睡衣是否有绳子、扣子或饰物等，是否存在安全隐患，如果衣着不合适要帮助幼儿调换衣服，避免睡觉时安全事件的发生。教师要提醒梳辫子的女孩儿上床前摘下头上的所有发饰，并将皮筋、发卡等饰物，放在统一的地方，防止幼儿在睡觉时被头饰硌伤或皮筋勒伤的现象发生。教师还要注意检查幼儿口腔是否有食物，防止胃食管反流窒息现象的发生。

3. 开展午睡相关安全教育活动，增强幼儿午睡安全意识。

教师除了加强对午睡的关注外，还要通过安全教育活动，引导幼儿了解睡前准备的要求和这样做的原因，增强幼儿午睡的安全意识。比如，和幼儿看图讨论"带小皮筋上床会发生什么危险?""带毛球、贴画上床会发生什么危险?"等，增强幼儿对于午睡带异物上床危险的意识，从而不带异物上床。

4. 家园共育关注睡眠安全问题。

教师要提示家长应具有基本的午睡安全意识，为幼儿准备的睡衣不带装饰物和口袋，不从家中为幼儿带体积碎小的物品，以防幼儿睡觉时玩耍，出现安全问题。教师为家长介绍睡眠过程中可能出现的安全问题，提示家长在家中要引导幼儿做充分的睡前准备，及时发现并纠正幼儿不良的睡眠姿势，切忌让幼儿蒙头睡觉或趴着睡等，以免发生危险。通过家园协同，让养成幼儿良好的睡眠习惯，消除安全隐患。

（北京市六一幼儿院　闫金萃）

世界睡眠日

2001 年，国际精神卫生和神经科学基金会主办的全球睡眠和健康计划发起了一项全球性的活动，将每年的 3 月 21 日定为"世界睡眠日"（World Sleep Day），意在引起人们对睡眠重要性和睡眠质量的关注。

2003 年，中国睡眠研究会把"世界睡眠日"正式引入中国。睡眠作为生命必需的过程，是机体复原、整合和巩固记忆的重要环节，是健康不可缺少的组成部分。人们在紧张的学习、工作和生活之后，通过睡眠消除疲劳、增强免疫力、促进生长发育。睡眠可以帮助人们修复脑细胞、恢复和加强记忆功能，只有保证充足的睡眠时间和高效的睡眠质量，才能保证人们充足的学习、工作和生活精力。

摘自王茜雅、李晏锋、甄橙：《拥有良好睡眠 享受健康生活》，载《中国卫生人才》，2019(5)。

第五节 起床

起床环节是指幼儿从午睡睡醒后离开床铺到下午吃午点之间的活动环节，主要包含准备起床时教师唤醒幼儿、对幼儿进行体检，幼儿下床、穿衣，保育员叠被、清洁卫生工作等内容。此环节常常会因幼儿做事速度快慢不同、幼儿空间位置变化较多（睡眠室、盥洗室、活动室）而产生视线盲区，如果教师不能周密有效地组织，指导不到位，站位不合理，很容易出现安全事故。

一、起床环节易出现的安全问题及防护措施

起床环节需要提高幼儿的生活自理能力，培养幼儿的良好常规习惯，使幼儿能够自主有序地做事；同时教师应强化安全意识和责任，互相配合、合理站位，关注到每一位幼儿，预防安全事故的发生。

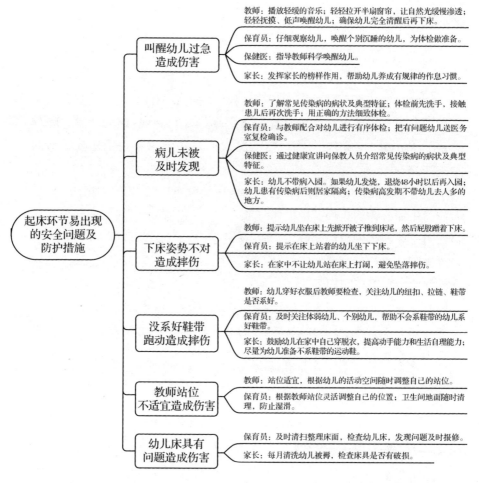

起床环节易出现的安全问题及防护措施

叫醒幼儿过急造成伤害
- 教师：播放轻缓的音乐；轻轻拉开半扇窗帘，让自然光缓慢渗透；轻轻抚摸、低声唤醒幼儿；确保幼儿完全清醒后再下床。
- 保育员：仔细观察幼儿，唤醒个别沉睡的幼儿，为体检做准备。
- 保健医：指导教师科学唤醒幼儿。
- 家长：发挥家长的榜样作用，帮助幼儿养成有规律的作息习惯。

病儿未被及时发现
- 教师：了解常见传染病的病状及典型特征；体检前先洗手，接触患儿后再次洗手；用正确的方法细致体检。
- 保育员：与教师配合对幼儿进行有序体检；把有问题幼儿送医务室复检确诊。
- 保健医：通过健康宣讲向保教人员介绍常见传染病的病状及典型特征。
- 家长：幼儿不带病入园。如果幼儿发烧，退烧48小时以后再入园；幼儿患有传染病后则居家隔离；传染病高发期不带幼儿去人多的地方。

下床姿势不对造成摔伤
- 教师：提示幼儿坐在床上先掀开被子推到床尾，然后屁股蹭着下床。
- 保育员：提示在床上站着的幼儿坐下下床。
- 家长：在家中不让幼儿站在床上打闹，避免坠落摔伤。

没系好鞋带跑动造成摔伤
- 教师：幼儿穿好衣服后教师要检查，关注幼儿的纽扣、拉链、鞋带是否系好。
- 保育员：及时关注体弱幼儿、个别幼儿，帮助不会系鞋带的幼儿系好鞋带。
- 家长：鼓励幼儿在家中自己穿脱衣，提高动手能力和生活自理能力；尽量为幼儿准备不系鞋带的运动鞋。

教师站位不适宜造成伤害
- 教师：站位适宜，根据幼儿的活动空间随时调整自己的站位。
- 保育员：根据教师站位灵活调整自己的位置；卫生间地面随时清理，防止湿滑。

幼儿床具有问题造成伤害
- 保育员：及时清扫整理床面，检查幼儿床，发现问题及时报修。
- 家长：每月清洗幼儿被褥，检查床具是否有破损。

二、典型案例分析与解读

欢欢变蔫了
----- 幼儿身体不适造成的安全问题

（一）案例描述

一天中午，教师利用幼儿午休时间进行培训学习，保育员看护幼儿午睡。由于学习活动未能按时结束，教师回班时已耽误了幼儿的起床时间，为了不影响下一个环节活动，教师大致摸摸幼儿的额头，匆匆检查后便请幼儿立即起床、穿衣、盥洗、吃午点。先吃完午点的幼儿已陆续进行自主游戏了，而平时性格开朗、动作迅速的欢欢却还在座位上看着前面的午点发呆，没吃几口。教师仔细观察，发现欢欢的脸颊通红，下巴贴在桌子上，显得很蔫儿。教师立即摸了摸欢欢的额头，很烫手，于是赶快请保育员带欢欢到睡眠室，为欢欢测得体温 38.2℃，欢欢发烧了。主班教师立即请保育员将欢欢送到医务室进行诊治。

（二）案例分析

幼儿发热不容小觑，一旦延误易导致幼儿高热惊厥、脑组织损伤等情况。一般来说，幼儿的精神状态反映了幼儿的身体健康情况，因此更需要成人通过体检、日常观察关注幼儿的身体状况，及时发现及时救治，避免贻误最佳治疗时机。案例中教师未能及时发现高热幼儿的原因如下。

1. 在午睡看护过程中教师未能随时关注幼儿午睡状况。

看护午睡的教师应该在幼儿午睡时进行巡视，为幼儿盖被子，观察幼儿睡眠姿势，倾听幼儿呼吸等，及时发现幼儿身体不适的情况。案例中保育员没有严格执行巡视规程，没能及时发现幼儿发烧时的体征。

2. 起床时教师未能按照正确体检流程对幼儿进行体检。

教师由于参加幼儿园培训活动没能及时赶回班中，造成起床环节时间较为匆忙，教师体检得不够细致，没有在体检环节发现幼儿的身体异常。

3. 起床后教师没有对幼儿进行细致观察。

幼儿在吃午点时被发现身体不适，其间还包含了穿衣、盥洗环节，班中教师都没能发现幼儿身体状况不佳，忽视了对幼儿的细致观察。

4. 幼儿不会表达自己的身体不适。

幼儿年龄小，生活经验少，对自己身体状态的感受性弱，没有表达自己身体不舒服的意识，不知道及时告知成人自己的身体状况。

（三）出谋划策

幼儿在园期间，教师肩负着呵护幼儿身体健康的职责，时刻要对幼儿身体健康状况进行全面了解，做到早发现、早隔离、早治疗。

1. 加强午睡环节巡视。

幼儿午睡时，教师应随时巡视幼儿入睡情况，倾听幼儿呼吸，观察幼儿睡姿，调整幼儿被子，及时关注幼儿的身体健康状况。

2. 严格按照正确体检方法对幼儿进行体检。

幼儿在园集体体检共有四次：来园体检、午睡前体检、午睡后起床体检、离园前体检。起床环节体检是幼儿在园期间进行的第三次集体体检，也是最为细致、全面的一次体检。幼儿由于午睡只穿着内衣内裤，便于教师观察得更为细致。例如，幼儿身上起了红疹，在其他体检环节是不易被发现的，但在起床环节通过观察幼儿前胸、后背、大腿便能够及时发现、及时就医。因此教师要按照正确的体检方法：一摸、二看、三问、四查，并结合午检的特殊性，对幼儿进行细致体检。

为确保此环节不出现遗漏，教师在幼儿起床体检时还要检查幼儿的床铺及衣着等，一旦发现有遗漏，在下一次上床体检环节需对此幼儿更加关注，检查要更为仔细，以保证幼儿的安全。

保育员在整理床铺时也需要仔细检查，如在幼儿床上、枕头底下、床底下发现大量枕巾线头，说明此幼儿午睡时有"抻线头"的习惯，如线头缠绕肢体会造成局部缺血坏死。因此保育员要及时跟主班教师沟通，说明情况，以便教师在午睡巡视时特别关注此幼儿，看护其尽快入睡，引导幼儿不玩线头。

3. 班级教师都应养成随时观察幼儿健康状况的习惯。

除了四次集体体检外，教师还应养成随时观察幼儿身体状态的习惯，对幼儿常见疾病特别是传染病做到早发现、早隔离、早治疗，把传染病控制在最小范围内，降低传染病的危害。

体检工作不仅是教师的工作，而应是班中所有保教人员的工作，包括保育员在内的所有教师都应具备常见疾病的判断能力及体检方法。当主班教师进行体检工作时，保育员应配合主班教师对幼儿进行体检，把握不准的可由主班教师进行复检，逐渐提高自身的体检能力。如午睡环节教师参与幼儿园培训学习活动没能及时赶回班中进行体检，照看午睡的保育员应承担体检工作，对幼儿进行全面细致的体检，体现教师间的相互配合，进而杜绝案例中的情况发生。除正常体检外，班中教师也要随时观察幼儿的身体状况，确保第一时间掌握幼儿健康状况。

4. 引导幼儿身体不舒服时要主动告诉教师。

除了教师的主动甄别，在健康教育活动中要增强幼儿感受及识别自己身体状况是否正常的体验，把识别表达自身身体状况作为健康教育目标之一。教师可通过绘本故事、健康教育活动等方式和幼儿共同探讨"身体不舒服的症状有哪些？""身体不舒服时怎么办？"等问题，引导和鼓励幼儿在身体不舒服时要主动告诉教师。

图 1-5 《身体不舒服要说出来》　图 1-6 《生病了怎么办》

（北京市六一幼儿院　刘佳佳）

安全小贴士 >>>>>>>>

睡前体检方法

（1）一摸：先摸前额和枕部，查幼儿体温是否正常；后摸耳下是否肿大。

（2）二看：看口腔和手心手缝有无疱疹，看幼儿的精神状态、面色及肢体外露部分有无伤口、过敏、皮疹等。

（3）三问：询问幼儿有无不舒服的地方。

（4）四查：查幼儿有无携带小件玩具、物品上床，以防异物引起窒息；查女孩小辫绳、发卡是否摘掉；查床上用品有无线头，以防线头缠绕肢体造成局部缺血坏死。

第六节　盥洗环节

盥洗通常指洗手或洗脸，以手承水冲洗而下流于盘。幼儿园的盥洗活动主要有洗手、洗脸、刷牙、如厕。盥洗活动关乎幼儿的健康成长，也蕴含着丰富的教育契机，教师要在盥洗活动中针对不同幼儿采用适宜的方法进行引导；盥洗活动的组织应遵循尊重幼儿的主动需求、重视幼儿盥洗行为的内化原则，引导幼儿养成良好的行为习惯，促进幼儿身心健康发展。

一、盥洗环节易出现的安全问题及防护措施

盥洗室面积较小，地面湿滑，清洁物品多，加之幼儿的盥洗动作不熟练，玩耍打闹等容易出现安全事故。这就要求教师在组织盥洗活动时要有计划、善组织、勤观察，并及时帮助、协调来预防或消除幼儿盥洗的安全隐患。

盥洗环节易出现的安全问题及防护措施

地面湿滑造成摔伤
- 教师：教幼儿洗完手用"谢谢水龙头"的方法对准水池甩三次手，避免水滴落到地面上。
- 保育员：提醒不甩手的幼儿，随时擦拭整理盥洗区。

物品摆放不合理造成绊倒
- 保育员：盥洗室物品摆放有序，不能出现在幼儿触碰到的区域。
- 保健医：检查消毒液等物品的存储规范情况。

空间拥挤造成磕碰
- 教师：通过引导幼儿讨论规则，制定班级盥洗的文明规定、盥洗室要保持安全距离排队。
- 保育员：与教师配合照顾全部幼儿；关注个别幼儿、及时给予帮助。
- 家长：带领幼儿在公共场所排队等候，遵守规则。

弄湿衣服着凉
- 教师：使幼儿了解穿湿衣服会着凉；通过环境的支持，帮助幼儿养成正确的盥洗习惯。
- 保育员：个别提示，关注没有卷袖子的幼儿，以及靠近水池的幼儿。
- 保健医：向幼儿普及衣服湿了会着凉生病及保护自己的健康知识。
- 家长：教给幼儿正确的盥洗方法，培养良好的盥洗习惯，知道洗手时不玩水。

餐前不认真洗手病从口入
- 教师：用儿歌的方式引导幼儿学习七步洗手法；在盥洗室张贴七步洗手法图示。
- 保育员：指导个别幼儿认真洗手。
- 保健医：为幼儿普及关于勤盥洗，讲卫生的健康知识，宣讲七步洗手法。
- 家长：培养幼儿坚持饭前便后认真洗手的好习惯。

如厕蹲位找不准位置跌倒
- 教师：在蹲两侧粘贴小脚丫提示标志；增加扶手，给幼儿支持。
- 保育员：关注个别如厕有困难的幼儿，指导每位幼儿学习正确的如厕姿势。
- 保健医：向保教人员及家长、幼儿普及宣讲正确的如厕姿势。
- 家长：提供蹲便模拟设施，帮助幼儿练习使用蹲便，练习自己擦屁股。

尿到便池外造成摔倒
- 教师：在男孩便池中心贴火苗的标志，用游戏化的形式，引导幼儿对准火苗灭火。
- 保育员：引导幼儿对准便池内标志小便，不尿在便池外。
- 家长：教育幼儿尿便入池，不因为幼儿小而让其随地大小便。

幼儿混合如厕引发好奇触碰等伤害行为
- 教师：帮助幼儿建立保护身体私密部位的卫生及安全的意识。
- 保育员：组织幼儿分性别如厕。
- 保健医：对幼儿进行性别宣讲。
- 家长：告诉幼儿不允许别人触摸自己的隐私部位。

便后没提裤子移动时摔伤
- 教师：告诉幼儿如厕的步骤，便后先擦屁股，然后起身提裤子提好裤子再冲水。
- 保育员：协助幼儿擦屁股、提裤子；提醒幼儿走下便池，不要跳下。
- 家长：教给幼儿擦屁股、提裤子的方法，不包办代替。

刷牙走动牙刷戳到嘴巴
- 教师：引导幼儿站固定位置刷牙；用儿歌引导幼儿掌握正确的刷牙方法。
- 保育员：纠正幼儿不正确的刷牙方法，避免幼儿叼牙刷不刷牙。
- 保健医：进行爱护牙齿的卫生宣讲。
- 家长：培养幼儿早、晚刷牙的好习惯。

二、典型案例分析与解读

1. 盥洗室里的水迹

（一）案例描述

结束活动后，我对孩子们说："回班后，第一件事就是用洗手液洗手，然后，用毛巾把小手擦得干干净净，看看我们大四班小朋友用过的盥洗室是不是最干净的。"有的孩子信心百倍地回答："洗完手后，擦干手，不在手湿的时候往地面上甩水，就能保持盥洗室干净了。"

回到教室后，孩子们陆续去洗手，不一会儿，盥洗室地上就开始出现大大小小的水迹。虽然孩子们对教师的提示已经熟记于心了，但洗完手后，还是有不擦手、到处甩水的小朋友。妍妍大声喊："涛涛，不许往我身上甩水！"随着地面上的水越来越多，匆匆走过的小六滑倒了，头撞在洗手台上，肿起一个大包。

（二）案例分析

洗手是幼儿最重要的生活环节之一，洗手时常见的问题就是幼儿用完洗手间时地面出现积水、踩到积水会出现滑倒等，因为地面湿滑，会出现许多脚印，看起来非常脏乱。只有根据班级具体情况进行深入的分析，才能挖出积水背后的原因，制订有效的解决方案。

1. 幼儿的贪玩心造成的甩水现象。

虽然幼儿都了解七步洗手法，知道洗完手后要及时擦手，但是能够洗完手后主动去擦手的幼儿还是少数。原因之一是幼儿的贪玩心，觉得甩水时看着水珠飞溅很好玩，淘气的小朋友还爱招惹别的小朋友，往别的小朋友身上甩水，以此来攻击别人或者引起他人的注意。

2. 幼儿对擦手的重要性的认识不足。

幼儿对擦手环节的认识不到位，贪图省事，做事不认真，但手上有水不舒服，于是出现了甩手的情况，造成盥洗室地面充满了水迹。

幼儿不知道如果洗手后不彻底擦干双手，病原菌很容易在潮湿的表皮上残留并迅速繁殖，手就白洗了。有关研究报告指出，洗手之后若用擦手纸或毛巾擦干，其灭菌效率明显优于自然甩干或自然阴干；若不使用擦手纸或毛巾擦拭干净的话，细菌反而会增加84％。

如果秋冬洗完手不擦干，手上残留的水在挥发时会导致皮肤角质层失水，容易手干裂甚至出血，也就是我们常说的皴手现象。

（三）出谋划策

综上所述，多重原因导致盥洗室地面湿滑，要解决这一问题需要考虑班级环境、幼儿年龄特点等多方面因素，才能达到满意的效果。

1. 通过现场演示的方式让幼儿了解盥洗室的安全事项，提高自我保护意识。

教师可以通过洗手活动现场的鲜活方式来引导幼儿体会地面湿滑的时候容易滑倒，也可以通过直接感知的方式让幼儿知道擦手的重要性。 例如，在盥洗活动时，幼儿都在盥洗室里，他们洗手后把水甩到地面上，造成地面积水越来越多，教师可以明知故问："咦？ 怎么有小脚印呢？ 刚刚进来的时候，还没有啊。"随着故意脚下一滑，夸张地说："啊，差点摔了一个大跟头，怎么回事啊？ 老师也没被什么绊倒，而且，为什么有小脚印呢？"以此吸引幼儿的注意，启发幼儿主动思考，得出保持盥洗室干爽不光是为了盥洗室的干净整洁，更重要的是为了保障大家的安全，进而得出地上有水很容易滑倒的结论。 用现场演示的方式让幼儿直观地看到洗手后不擦手，把水都甩到地面上，造成的地面湿滑环境所存在的安全隐患，以此来达到安全教育的目标。

2. 通过同伴互助、互相监督等方法让幼儿养成擦干手的习惯。

中、大班幼儿有了自我管理的能力，教师可以采用设置值日生的办法，利用同伴的影响来解决不擦干手的问题。 值日生提醒幼儿严格按照七步法洗手，重点检查不擦手的环节。 同时提倡所有幼儿都互相帮助，共同养成擦干手的好习惯。 幼儿通过同伴间的榜样作用或相互提示逐渐养成擦手的习惯，逐渐解决不擦干手的问题。

3. 利用张贴宣传海报等提示幼儿不擦干手的危害，帮助幼儿养成擦干手的好习惯。

环境是幼儿的另一位教师，它能够代替教师在一些教师无法照料的时间或地方提示幼儿。 例如，可以在醒目的地方张贴湿手上面滋生细菌的图片，在秋冬季张贴皲手的图片，对幼儿有一定的警示作用。 有了环境的支持，每次幼儿在洗手后都能看到提示，主动去擦手，逐步养成擦干手的好习惯。

（北京市六一幼儿院　张　含　王　铜）

2. 刷牙时的"战争"

------ 刷牙时存在的安全隐患

（一）案例描述

午餐期间，伴随着舒缓的音乐，幼儿们吃着香喷喷的饭菜。过了一会儿，有的幼儿已经吃完午饭要去盥洗室盥洗了，我轻轻地对先进入盥洗室的幼儿说："看哪位小朋友最会保护自己，能用握笔的方法把牙刷拿住，认真刷牙，不要让牙刷伤害到自己和其他小朋友。"说完后，我便看向了盥洗室外正在准备进盥洗室的幼儿，检查他们卷袖子的情况。突然，我听到盥洗室里似乎有"打仗"的声音，"突突突，看我的机关枪扫射。""看我的大炮，砰！砰！"我转头一看，原来是坤坤和小梁，正在用牙刷当机关枪和大炮，互相指着对方，牙刷头马上就要触碰到对方脑门上了。如果牙刷真的戳到了小朋友，造成小朋友受伤，那就麻烦了。

（二）案例分析

刷牙是幼儿盥洗环节中的一项重要内容，正确的刷牙方法能够帮助幼儿保持牙齿清洁，保护口腔健康。幼儿爱玩的天性及盥洗用具的不当使用等都会导致刷牙环节存在着一定的安全隐患。

1. 没有采用正确拿牙刷的方式造成的安全隐患。

测试表明，采用握笔式刷牙方法时，刷牙的压力曲线较握手式所出现的振动波形密，震动次数多，容易进行颤抖的动作，与牙面接触的频率高，能增强清洁的效果，所以我们在幼儿园提倡幼儿用握笔式的方法刷牙。虽然幼儿能够在教师的提示下采用握笔式的方法将牙刷拿到盥洗的位置上，但是能够主动采用握笔式的幼儿是少数，幼儿大多采用大把握牙刷的方式拿牙刷，这样的姿势对清洁牙齿的精细度降低，但是力度增大，如果掌控不好力道，会造成牙刷戳到自己或者他人，存在一定的安全隐患。

2. 牙刷使用不当的安全问题。

幼儿由于年龄小，对很多事物缺乏正确的认识和辨别能力；同时幼儿单纯天真，好奇心、求知欲与模仿力都很强，但他们的生活经验和社会阅历却少之又少，天真地把牙刷当成游戏的工具，用来模仿机关枪和大炮，全然意识不到飞舞的牙刷可能会伤害到小朋友。

3. 幼儿没有意识到保护牙齿健康的重要性。

当唾液中的蛋白酶分解食物的时候，会留下很多细菌，如果不及时清理干净的话就会附着在幼儿的牙齿上面，容易导致龋齿现象的发生。 牙齿是人的进食工具，如果没有牙齿对食物的切割咀嚼，势必会加重肠胃的消化负担，长此以往，会严重影响营养的吸收进而危害到人体健康。 刷牙可以避免酸性物质长期滞留而损害牙齿，所以刷牙对幼儿的牙齿健康来说是至关重要的。 如果我们的牙齿掉了，吃饭就不方便了，说话也会变得很困难……可是你会发现这样的道理对幼儿来说好像并没有用，幼儿没有意识到刷牙的重要性，而是把刷牙当成一个可有可无的任务，甚至逃避刷牙。

（三）出谋划策

综上所述，教师在组织幼儿刷牙时，应从培养良好的盥洗习惯的角度出发，用多种方式教育幼儿科学盥洗，帮助幼儿全面排除刷牙时的安全问题。

1. 帮助幼儿掌握正确使用盥洗用具的方法。

刷牙是一个"技术"活，幼儿要掌握正确使用盥洗用具的方法才能更好地完成刷牙任务，保证幼儿的健康。 在牙膏的使用上，要注意一次使用黄豆粒大小的牙膏量来刷牙，不能过量使用牙膏；另外不选用水果味的牙膏，因为有的幼儿在刷牙的时候会把水果味的牙膏吞食了。 要用不轻不重的力度刷牙，刷牙时如用力过小则不能起到清除污垢及按摩牙龈的作用；如用力过大则会损伤牙齿及牙龈。 要用握笔的方式轻握牙刷，避免大把握牙刷力道过猛伤及自己或他人。

2. 帮助幼儿认识到认真刷牙的重要性。

（1）引导幼儿关注自己的牙齿健康。

教师要有意识地培养幼儿关注自己的牙齿，当幼儿的牙齿出现变化时，引导幼儿到镜子前看看自己的牙齿；和小朋友比比谁的牙齿又白又亮；还可以开展"美牙小明星"的评选活动，引起幼儿对保护牙齿的重视。

（2）激发幼儿刷牙的兴趣。

对成人来说，刷牙是一件再寻常不过的事情了。 这是因为我们是成人，我们的认知和理解能力已经足够成熟，对自己行为的控制能力也远远高于幼儿，更重要的是我们已经从拒绝和讨厌刷牙的困境中走出来了。 但对幼儿来说，刷牙是一件他们刚刚才开始经历并且还处于适应阶段的事情，所以我们更应该站在他们的角度，用他们更易接受的形式去帮助他们逐渐适应。 建议先让幼儿刷一个脏鸡蛋，让他们体验刷刷刷的乐趣；同时鸡蛋被刷干净了，幼儿也能获得成就感，对刷牙也会没有那么抗拒了。

由于学龄前的孩子正处于具体形象思维的阶段，他们对很多事物的理解都依赖于具体形象化事物的支撑，绘本借助图画解释内容的方式符合幼儿的认知特点，所以比起简单重复的说教，绘本可能更容易让幼儿爱上刷牙。 借助《牙齿大街的新鲜事》《鳄鱼怕怕 牙医怕怕》《小熊不刷牙》等绘本帮助幼儿认识到刷牙的重要性，了解刷牙时的一些注意事项，有助于培养幼儿认真刷牙的习惯。

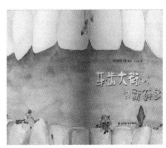  

图 1-7 《牙齿大街的新鲜事》 图 1-8 《鳄鱼怕怕 牙医怕怕》 图 1-9 《小熊不刷牙》

（北京市六一幼儿院 纪文静）

3. 不平静的盥洗室
—— 幼儿安全如厕的思考

（一）案例描述

结束了上午的户外活动，幼儿们回到活动室，陆续进到盥洗室。此时的盥洗室一下子成了"拥挤繁忙"的地方，男孩们在便池前排队等小便，女孩们陆续上、下蹲位小便，还有动作较快、便完洗手、擦手的孩子……教师站在盥洗室门前关注着全体幼儿的行动，不停地发出各种提示："桃桃，把裤子提好再下台阶，别踩到裤脚绊倒了""小小，把水开小一点儿，弯下腰，不然水会溅出来把衣服弄湿""璐璐，在水池里甩水，不要把水甩在地上，踩到会滑倒的""大壮，回去用毛巾把手擦干，不然手会皴的""欢欢，把衣服塞好，不要露小肚子"……这时只听"哇"的一声，站在小便池边的拽拽大哭了起来，教师马上来到他身边查看情况，原来，今天妈妈给他穿了一条牛仔裤，户外活动前他喝了很多水，回来就着急小便，可是由于裤子拉链掩到了布料，拽拽使劲拉，用力过猛，结果拉链掩到了肉皮，

第一章 · 生活活动中的安全防护

疼得他大哭起来。一波未平一波又起，正在小便的依依因为探头看谁在哭，没有看清脚下的路，结果踩到便坑里一下子滑倒了，后脑勺碰到了蹲位的隔断，也哭了起来……

（二）案例分析

日常生活的如厕环节是一日园生活中的重要组成部分，盥洗室是幼儿每天在园必不可少的活动空间，这里是解决幼儿生理需要、培养良好生活卫生习惯的地方，也是人员活动最密集的空间，因此，在幼儿如厕环节中也存在一些安全问题。

1. 场地狭小造成的安全问题。

如厕时，盥洗室发挥着盥洗和如厕两个功能。 幼儿需要进行整理衣服、如厕、洗手、擦手等系列活动。 这些活动的连续性、转换性、多样性也使这个空间显得热闹非凡，常常因资源不足而引发拥挤、碰撞、争吵等交往问题、安全问题。

2. 自理能力差造成的安全问题。

由于幼儿自理能力和自我保护意识较差，身体协调性也不好，在幼儿如厕环节中常常会出现各种各样的安全问题。 有的幼儿不会擦屁股、提裤子、脱裤子等，导致幼儿如厕时问题频出；有的因衣服整理不好而影响行动绊倒、拉链使用不熟练掩肉等情况发生。

3. 盥洗室特殊的环境因素造成的安全问题。

盥洗室的特殊性还在于有水这种湿滑的物质，幼儿需要使用的主要卫生设备大便器、小便器、洗手台、瓷砖地面等系列物品，因为卫生原因都是光滑的陶瓷制品，这些湿滑的瓷砖、台阶等特殊的环境因素成为潜在的安全问题。 例如，班级卫生间通常都是小蹲坑，有对不准蹲位而便在外面的幼儿会踩到尿液滑倒，也有蹦跳台阶或者走动时踩到湿滑的地面摔倒等安全问题。

（三）出谋划策

盥洗室是安全问题的频发地，需要引起教师的特别关注和警惕，具体有以下几点建议。

1. 教师要有环境安全意识。

首先，教师要有"安全第一"的意识，随时关注如厕环境中的安全隐患。 例如，盥洗室中需粘贴挂钩的地方，挂钩的位置要高于幼儿身高，避免幼儿活动时碰撞到所挂物品；盥洗室中的杂物要及时清理，保证幼儿活动空间；当发现地面洒水或有积水，应及时清理；还可以准备幼儿拖把，鼓励幼儿学习清理，这样便于培养幼儿的自我保护意识和自我服务能力。

教师要给幼儿提供一个安全有序的环境，盥洗室物品摆放有序，教师要将洁厕消毒用品放到幼儿接触不到的地方，不能出现在幼儿触碰到的区域，防止对幼儿的腐蚀和灼伤等情况发生。

其次，教师要通过相应的环境创设来提示幼儿注意自我保护。教师组织幼儿有序地活动是避免安全问题发生的有效方法，可以在盥洗环境中提供一些信息来提醒幼儿需要注意的问题。比如，在蹲坑两侧贴上小脚印，引导幼儿正确蹲位，在台阶处贴上"黄色警示线"提醒幼儿注意台阶等。

2. 如厕的科学组织方法。

科学合理地组织如厕活动，是减少安全问题的有效方法之一。

（1）分组如厕。

盥洗室的空间相对来说狭小，容易发生拥挤碰撞等问题，所以要控制如厕人数，尽量不集体如厕，养成按需如厕的习惯，而不是为了教师组织方便而进行一刀切的规定时间如厕。在户外回来需要集体如厕时要控制如厕人数或者分组如厕，动作快的、急需的小朋友先如厕，每组控制在 8～10 人，等待组的小朋友可以先做整理或者谈话等过渡游戏，这样保证盥洗室活动的平稳有序，避免拥挤发生的安全问题。

（2）男、女孩分开如厕，保护幼儿隐私。

受我国传统思想的影响，有的养育者形成了幼儿小、没有性别概念的认识，这种认识导致了不注重男、女分开如厕，错失了帮助幼儿建立保护身体私密部位安全的教育机会。虽然幼儿没有很强的性别意识，但是他们有好奇心和探索欲，如果男、女孩一块如厕，会有观察不同性别的幼儿如厕的现象发生，这时被观察者就会产生被窥视的羞耻感，产生不愿意在幼儿园上厕所等有损健康的行为，也会出现观察者进一步"抚摸"被观察者等不恰当的探索行为，会造成潜在的不安全问题。

3. 教师要及时有效地指导、固化幼儿正确如厕的行为。

教师不仅要引导幼儿知道"在盥洗室不要打闹奔跑，要安静排队如厕"的规则，还要进一步落实在幼儿如厕的实际操作环节。主班教师应在如厕前，在幼儿进盥洗室之前提出具体要求，包括提示正确的盥洗方法，有秩序地排队，盥洗池前不拥挤，有重点、有针对性地面对全体幼儿进行提示，给予幼儿适宜的刺激来固化其安全行为。同时也要注意对个别幼儿不安全行为给予提示与引导。总之，教师坚持面向全体教育与个别指导统筹兼顾的方法来落实幼儿良好行为习惯的培养。

在安全问题上，教师更要关注细节，指导幼儿按照步骤如厕，细心做事。教师应引导幼儿逐一学习并掌握如厕环节中的每一个关乎安全的细节。例如，上便池时要扶好栏杆，先跨上台阶，再跨过便池；如厕时蹲位要正确，不要偏了、歪了，避免便在外面；下便池时先要提好裤子，再走下台阶。当幼儿如厕时，教师要及时站在能够看到全体幼儿的位置，便于发现并及时处理问题；同时，教师对于个别能力弱的幼儿在如厕时应给予特殊照顾，如搀扶起蹲便后的幼儿。

（北京市六一幼儿院　陈　皓）

4."老师，我洗手了"
——餐前洗手的卫生安全问题

（一）案例描述

香喷喷的饭菜推进了教室，赵老师请刚刚从户外活动回来的小朋友们分组到盥洗室进行餐前准备。"小朋友们注意洗手时要挽起袖子，不要弄湿袖子，水龙头的水是……""面条水(像面条一样又细又长，用形象化的语言让幼儿记住用什么样的水流较为合适)！"小朋友们异口同声地回答道。"老师，你看我的小手洗得干净吗？我的袖子干干的，没有湿。"教师向朵朵竖出了大拇指。小朋友们纷纷看向了朵朵，也认真地洗了起来。"毛毛，你没有用洗手液洗手，就玩了两下水，你看你的毛巾都擦脏了。"这时，一个稚嫩的声音传到赵老师的耳朵里。"我洗了，我刚洗完，我要去吃饭了。"毛毛说。"你就冲了一下，没用洗手液，也没挽袖子。"西西还击，两个小朋友争辩了起来。赵老师看着这两个小朋友，这时毛毛一直关注着活动室自己的座位。赵老师说："老师知道毛毛昨天还当小老师教小朋友怎样用七步洗手法洗手呢，你一定能洗得很干净，对不对？"毛毛说："可是，我今天洗手晚了，如果再按照七步洗手法洗手我就没法当我们组第一了。"毛毛一边委屈地揉着眼睛，一边跟教师解释，这时，教师发现毛毛的右眼很红还有些肿，立刻带他去了医务室，请大夫做诊断。

（二）案例分析

洗手是幼儿一日生活中多次进行的重要环节，饭前便后洗手是幼儿学习生活自理本领的过程，也是培养良好生活习惯和卫生习惯的过程，是杜绝病从口入的第一道关卡，可见洗手的重要性，但是幼儿对洗手环节却不够重视。

1. 幼儿洗手不认真，忽视了卫生安全问题。

幼儿闻到香喷喷的饭菜时都急于做完眼前的事情第一个去吃饭，这样就可以不用排队取饭，幼儿也想当小组里的第一名，获得教师的表扬，自己内心也获得满足。所以，幼儿会在餐前洗手环节中以"速度"作为洗手的标准，看重第一名，忽略了洗手卫生安全的要求。比如，在这个案例中，毛毛为了争当小组第一，没有认真地按照七步洗手法洗手，同时还用脏手去揉眼睛，没有卫生安全意识。

2. 因玩水导致的洗手中的卫生安全问题。

在洗手过程中，玩水也是幼儿经常出现的现象，幼儿忙于玩水而忽略洗手，在这个过程中只是冲湿了手，没有打香皂洗手，没起到保护自身卫生安全的作用，不干净的手容易导致肠道病、眼病、伤寒病等传染病的传播，抵抗力也会变低，引发卫生安全问题。

3. 家长对幼儿洗手问题关注不足，幼儿没有养成良好的卫生习惯。

幼儿在低龄的时候没有养成正确洗手的好习惯，常常认为把手冲湿，简单冲洗一下，表面看起来干净就算洗干净了。幼儿并没有深入理解教师和家长常说的认真洗手的提示语，所以做不到言语和行为的统一。

家长对幼儿"糊弄洗手"的行为关注不足，在家庭中父母忙于家中的事务，对幼儿说一声"去洗手吃饭了"。幼儿收到信号后只是到洗手间进行简单的冲洗，甚至没有洗手就坐到餐桌前；而父母还在忙于家庭琐事当中，没有意识到这是培养孩子养成良好卫生习惯的机会，也没有提出"检查小手"等相应的卫生安全要求，造成孩子在卫生习惯养成中得不到及时的指导和帮助，也是幼儿在园不认真洗手的重要原因之一。

（三）出谋划策

在洗手这个环节中，要让幼儿清楚地知道洗手的目的是保护自身卫生安全，杜绝细菌、病毒的传播，做到知行统一，养成饭前便后认真洗手的习惯。

1. 引导幼儿正确对待生活中"第一名"。

"第一名"是一个令人向往、积极的词语，不论是大人还是小孩，好胜心是一种心理倾向。 幼儿有竞争意识是一件正常的事，也是一件好事，但是在有些情况下，如果只关注洗手的名次，一味地想超过别人先取饭或者当小组第一名，那么这样的心理状态很容易在洗手活动中出现安全问题。

教师要关注并积极地引导幼儿正视生活中"第一名"的问题。 教师、家长可以利用绘本《不是第一名也没关系》《山姆第一名》帮助幼儿正确看待生活中的第一名。 同时，让家长了解到，借助绘本不仅有益于亲子之间的感情交流，还能促进幼儿正确理解"第一名"的含义，在日常洗手环节中享受和小朋友一起洗手、做餐前准备的快乐，而不以争夺名次为洗手的目的。

2. 满足幼儿玩水的需求，建立洗手时不玩水的规则意识。

在班级区域或者家庭中可以提供玩水的游戏、实验材料，增加区域游戏中探究水的机会和增强游戏中玩水的趣味性，减少洗手时玩水的现象。例如，幼儿在区域游戏中通过对水的游戏材料进行相关的实验和探究，满足了幼儿玩水的需求，幼儿了解到通过一些材料进行水的游戏比徒手玩水更有趣，降低了洗手中玩水的兴趣，同时还发展了幼儿的科学探究能力，降低了"玩水洗手"造成的卫生安全隐患。

3. 养成良好的卫生习惯从娃娃抓起。

我国有句古训，教儿幼时，可见对幼儿期的孩子进行良好生活卫生习惯的培养则是重中之重。

幼儿对周围环境十分敏感，愿意听从成人的教导，喜欢模仿成人的行为，极易受到外界的影响，并在大脑中留下深刻的印象，形成一些固定的模式并逐渐养成行为习惯。 幼儿的良好卫生习惯都是在日常生活中耳濡目染、自然养成的，它的形成并不难。 如果幼儿时期不关注洗手的正确方法，形成了不良的卫生习惯，养成后想加以矫正就非常困难。 所以教师、家长要特别注意对幼儿进行良好卫生习惯的培养，不断强化正确的行为，尽力避免不良卫生行为对幼儿的影响，做到卫生安全教育的知行合一。

（北京市六一幼儿院　李　佳）

世界厕所日

据联合国儿童基金会和世界卫生组织 2012 年发布的报告，全球 70 亿人口中，仍有 25 亿人没有厕所可用，11 亿人只能随地大小便，这对公共卫生构成威胁。 联合国大会 7 月 24 日通过"世界厕所日"（World Toilet Day）决议，推广"人人都应享有基本卫生设施"的理念。

联合国电台报道，在纽约联合国总部举行的第 67 届联合国大会全体会议上，193 个成员国一致通过决议，将每年的 11 月 19 日设为"世界厕所日"。 其实，早在 2001 年，来自 30 多个国家和地区的 500 多名代表就在新加坡举行了第一届厕所峰会，使一直难登大雅之堂的厕所问题受到全世界的关注。

新加坡《联合早报》7 月 25 日报道，2001 年 11 月 19 日，世界厕所峰会的主办者、新加坡人沈锐华创立了关心厕所和公共卫生问题的世界厕所组织。 他说："世界厕所日成为联合国纪念日，意味着这个课题不再令人感到尴尬，人们能够自由讨论它，并向政府要求更好的基本卫生条件。"

参见朱力钧：《联合国设"世界厕所日"》，载《环境与生活》，2013(8)。

第七节 饮水

学前期是幼儿身体迅速发育、健康成长的关键期。 因此，幼儿园应充分重视幼儿的身体健康和生活习惯的养成。 饮水环节也是幼儿生活中的重要环节，每天保证充足的饮水量对幼儿身体健康极为重要。《3－6 岁儿童学习与发展指南》中明确指出：小班幼儿"愿意喝白开水少喝饮料"；中班幼儿"常喝白开水"；大班幼儿"主动喝白开水"。 教师应本着科学性、渗透性及循序渐进性的原则，合理组织饮水环节，保证幼儿在此环节的健康与安全，为每一名幼儿的健康成长保驾护航。

一、饮水环节易出现的安全问题及防护措施

饮水前的准备工作是安全饮水的有效保障，良好的饮水习惯是安全饮水的前提，对饮水中出现的问题的及时干预是安全饮水的必要条件，这就需要保教人员全方位关注饮水活动，确保幼儿饮水活动的安全有序开展。

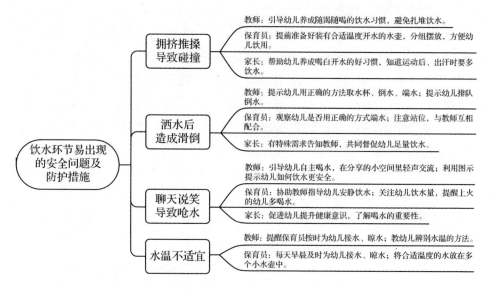

二、典型案例分析与解读

1. 洒水了，怎么办？

------饮水活动中的安全思考

（一）案例描述

从户外活动回到活动室，小朋友都着急喝水。有的幼儿喊着："渴死了，我要喝水。"因为都想快点喝水就出现了扎堆、碰撞或推搡的情况，有的幼儿端着刚接好的水回座位，不小心被喝完水送水杯的幼儿撞上，水就被碰洒了，弄得衣服和地面都湿了。有的幼儿在饮水区接完水，端着水杯往座位走时，总会洒得到处是水，有时洒得多，有时洒得少。还有的幼儿端着水边走边聊天，杯子里的水洒了都没注意到，踩到地上的水，还差点摔倒。

（二）案例分析

饮水环节是幼儿园一日生活中必不可少的环节。此环节中，在培养幼儿自理能力的同时，也绝不能忽视安全问题。对于幼儿容易发生的洒水、

滑倒及摔伤问题，我们不禁要思考一下，幼儿为什么会洒水？ 为什么会发生滑倒、摔伤呢？

1. 幼儿注意力不集中导致端水时洒水。

幼儿的天性就是爱玩好动，他们很容易受周围环境的干扰。 如果幼儿端着装满水的杯子时东张西望或与小伙伴聊天，水杯没有端平端稳，就会导致洒水，造成安全隐患。

2. 教师组织饮水时的常规不合理导致的安全问题。

在一日生活中幼儿需遵守生活常规和秩序，如果教师不注重发现生活环节中的问题，没能及时解决，不能建立有序的饮水秩序，则容易出现混乱等无序行为而引发安全问题。 就如案例中描述的那样，幼儿一边端水一边聊天，或者端水路线跟送杯子路线重合，则会发生碰撞、洒水等安全问题。

3. 幼儿上肢臂力与双手抓握能力较弱，易导致端水时洒水。

部分幼儿由于日常生活中缺乏动手的机会和相应的上肢锻炼，其臂力和双手抓握能力较弱，端水时动作的稳定性和协调性相对较低，当有意外碰撞或者躲避不及时，水杯里的水过满就会发生洒水的情况。

4. 幼儿意识不到踩踏湿滑地面的危险，易导致滑倒和摔伤。

由于成人对幼儿的过度保护，使很多幼儿的自我保护意识较弱。 幼儿缺乏对踩湿滑地面危险性的判断，甚至觉得有趣，故意去踩踏。 而班级中桌椅较多，幼儿滑倒时很容易碰到桌椅，发生危险。

（三）出谋划策

有了如上分析，我们清楚了幼儿端水时洒水和滑倒、摔伤产生的原因，那么我们应该采取什么样的措施来应对？ 如何避免饮水中的安全问题？怎么合理引导幼儿遵守饮水常规呢？

1. 利用情景再现法引导幼儿自主解决饮水中存在的问题。

教师可为幼儿播放提前录制的端水视频或者利用端水洒水的照片，进行情景再现，并和幼儿讨论：端水时为什么会洒水？ 怎样做就不会洒水了？ 例如，"眼睛看着小水杯，不东张西望。""排队接水不拥挤。""端水时慢慢走，不和别人聊天。""接完水和送水杯分开走。"等。 师幼一起把讨论的方法用简笔画形式记录并呈现出来，贴在饮水区的墙面上，起到直观的环境警示作用，提示幼儿端水时不洒水，减少安全隐患。

图 1-10　排队倒水不拥挤

图 1-11　双手端好小水杯，眼看水杯慢慢走

饮水区

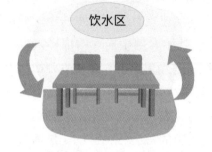

图 1-12　倒完水走左边，送杯子走右边

图 1-13　安静喝水，不说话

图 1-14　送杯子前先看好，避免碰到小伙伴

2. 教师合理组织幼儿饮水，提示幼儿遵守饮水区常规。

教师合理安排一日活动，保证幼儿足够的饮水量和饮水次数，避免幼儿因缺水口渴而发生拥挤现象。营造宽松愉快的班级氛围，在进行饮水环节的组织时，教师不要催促幼儿，保证幼儿在放松状态下接水、端水、饮水，引导幼儿喝水时不聊天，避免大口喝水被呛到。教师和幼儿讨论每次接多少水合适，避免水接得太满。可在饮水桶上贴上水杯水位线的图示，直观提醒幼儿每次接水量，避免因接水太多、太满而发生的洒水等问题。

3. 注意培养幼儿的动手能力。

首先，教师为幼儿创造动手做事的机会。 在一日生活中，能让幼儿自己做的就让他们自己做。 在饮水环节中，教师要引导幼儿学会自己接水，端杯子走路时要保持杯子平稳，洒了水会自己擦干净，地面上的水要用墩布及时清理干净。 其次，教师也要与家长沟通，争取家长减少对幼儿的包办代替，家园配合共同培养幼儿的动手能力和生活自理能力，增强幼儿大肌肉力量及动作的协调性。

4. 利用多种方法帮助幼儿认识到湿滑地面的危险。

第一，针对个别幼儿故意踩踏湿滑地面的行为，教师和幼儿共同讨论：这样做会产生什么后果？ 这些后果对自己会有什么影响？ 我们应该怎样做才能更好地保护自己？ 第二，教师为幼儿树立同伴中的小榜样，鼓励幼儿向小榜样学习：绕过湿滑地面，慢慢走，更好地保护自己和小伙伴。 第三，可为幼儿播放《大吉成长记》中的《下雨天滑溜溜》，进一步引导幼儿学习遇到湿滑地面的安全行为，更好地进行自我保护。

（北京市六一幼儿院　张　晶）

拓展阅读 ▷▷▷▷▷▷▷

幼儿饮水小知识

水是人体赖以生存的重要物质，它占人体总重量的 50%～80%。人体的一切生理活动都要靠体液去进行。 人体的各种消化液如唾液、胃液、肠液、胰液及人体的血液，它们是人体的"生命之河"，其主要成分就是水。 如果没有水，人的生命之河就会干涸。

夏季，由于天气炎热，出汗多，水分蒸发快，人对水的需要量更大。 炎热的夏天，当外界温度接近或超过人体温度时，皮肤辐射和对流就失去作用，这时唯一有效的就是靠体液蒸发散去大量的热量。 炎热时节人体大量排汗以散去多余热量。 如果没有汗水调节作用，体温恒定就无法维持，就会给人体带来难以想象的后果。 对小孩来说，对水的需求量相比成人更多。

摘自王晓平：《不可忽略幼儿夏季饮水卫生》，载《教育导刊·幼儿教育版》，1998(8)，引用时文字有删改。

2. 我太渴了
——运动后饮水安全问题

（一）案例描述

仲夏时节，小朋友们正在开心地进行户外分散游戏，乐乐和小朋友一起玩扔沙包的游戏，玩得满头大汗。教师观察到小朋友们游戏状态，便招呼他们："你们出了好多汗呀，要不要来擦擦汗，休息一下？"几个小朋友才发现自己已经大汗淋漓，放下沙包过来休息了。他们擦了汗，又认真地擦了擦手，飞快地跑到自己的小水壶边，乐乐说："我太渴了，得赶紧喝点水！"说着就抱起水壶咕咚咕咚地喝了大半壶水，喝得太急压住气了，喝下去的水在气体的反作用下都呕吐出来。涵涵边喝水边说话："不能那么大口。要这样……"还没说完，涵涵就被呛到了，猛烈地咳嗽了几下。

（二）案例分析

水是生命之源，补充水分是机体健康的需求，喝水有益于幼儿的健康，但是也需要注意正确饮水，尤其在激烈的户外活动后。 幼儿大量出汗后急需饮水，但由于缺乏正确饮水的生活经验，所以造成了案例中的危险情况。

1. 边说话边喝水容易呛到。

进入大班以后，小朋友们与同伴交往的需求增加了，从小朋友们获取的生活经验来说，人们经常会在喝水、吃东西的时候聊天。 因此小朋友们也十分喜欢在饮水的过渡环节和同伴聊天，但是小朋友们安全意识比较弱，没有咽下水之后再说话的意识。 在饮水、吃饭的环节如果边喝边聊就更容易出现危险。 像案例中，涵涵在喝水时观察到了其他小朋友的举动，特别想要表达自己的想法，就顾不上自己正在喝水，而是边喝水边跟小朋友交流，导致呛水。

2. 剧烈运动后大量喝水对身体有害。

小朋友们对于户外活动有极大的热情，即使天气炎热，他们也非常喜欢剧烈的体育游戏。 剧烈运动后，小朋友们会大量排汗，也会感觉十分口渴。 但是小朋友对于运动后饮水的方法不了解，很可能会根据自己的生理需求而大量饮水，导致呕吐，甚至肠胃不适。

（三）出谋划策

因为幼儿的生活经验不足导致运动后出现饮水安全问题，所以教师可以从普及常识的角度入手，通过多种方式丰富幼儿的生活经验。 在此基础上，与幼儿共同制定正确喝水的规则，提升幼儿的安全意识。

1. 与幼儿共同讨论饮水时的注意事项。

幼儿是幼儿园的主人，是游戏的主人，是活动的主人。 在一日生活环节中出现问题时，教师可以将这个问题提出来，和幼儿一起讨论问题的解决方法，达成共识，以便幼儿自觉遵守规则。 在饮水时出现的问题，都是源自幼儿的真实体验，幼儿会根据自己的不愉快的体验提出解决方法，并做成安全提示板来提醒幼儿注意正确饮水，由幼儿们提出的规则，他们也会更好地遵守。

2. 引导幼儿了解运动后大量饮水的危害。

幼儿对于运动后不能大量饮水这方面可能没有经验，通过绘本或动画视频的方式可以让幼儿更加具体形象地认识到运动后身体会产生哪些变化，如果大量饮水会造成哪些危险。 首先，剧烈运动后心脏跳动加快，喝水会给心脏造成压力，易产生供血不足，因此剧烈运动后不能马上喝水。 其次，不管是不是大量流汗后，只要喝水时，都要小口小口地喝，因为一次灌下太多水时，肾脏会收到进水太多的信号，便会加速排尿的速度，反而让喝下去的水立刻流出，没有足够的时间送到身体各处。此外，喝水太快，也容易引起胀气，有了这样的经验，幼儿在生活中就会更加注意。

3. 教师适当调控幼儿的运动量、饮水量。

教师可以根据季节和气温不同来调控幼儿的饮水量、运动量。 比如，在天气炎热幼儿容易出汗的时候，可以在运动前适量饮水补充水分，控制幼儿的运动强度，做一些强度小、持续时间短的活动。 当观察到幼儿已经微微出汗后，可以适当休息或组织幼儿进行饮水，然后再进行短暂的运动。这样既达到了运动量，又能帮助幼儿补充水分，不会因为脱水或大量饮水而产生危险。

（北京市六一幼儿院　赵　洋）

拓展阅读 >>>>>>>>

会厌软骨的小知识

会厌软骨（epiglottic cartilage），即构成会厌的软骨，形状扁平，像树叶，下部附着在结喉的内壁上。会厌是喉头上前部的树叶状的结构，由会厌软骨和黏膜构成。

鼻子吸入的空气和经咀嚼的食物都会经过咽喉，之后各走各路，空气会进入气管，食物则会进入食道（气管位于食道的前面），这是由咽喉下方的会厌软骨所决定的。当我们吸气时，会厌软骨静止不动，让空气进入气管；当我们吞咽时，一方面软腭会向后延伸，阻止食物进入鼻腔；另一方面喉的上升，令会厌软骨像门一样，将气管喉覆盖，令食物进入食道。由此可知，在吞咽的那一刻，我们呼吸是暂停的。吞咽完毕，软腭、喉会厌软骨迅速恢复原位，于是呼吸可照常进行。喝水时说话会让会厌软骨不能闭合，致使水流入气管引起呛水。

参见黄选兆、汪吉宝、孔维佳主编：《实用耳鼻喉头颈部外科学（第二版）》，北京，人民卫生出版社，2011，引用时有删改。

安全小贴士 >>>>>>>>

服药安全注意事项

饮水环节往往也是保育员、教师为个别生病幼儿服药的环节。怎么做到服药安全呢？

第一，教师和保育员应注重对幼儿的药品进行检查，关注药品是否有 OTC 标志，教师提示家长认真填写《服药记录表》。

第二，根据服药记录，教师要按时按量给幼儿服用，并亲眼看着幼儿服下方可。当服药剂量不清时，问清后再服药。

第三，幼儿每次服药教师都要及时登记签名，避免幼儿多服或误服。

第四，关注药筐摆放位置，药筐要放在幼儿不易接触到的地方。（见图1-15）

图1-15 药筐放在远离幼儿的地方

第八节 离园

离园环节是幼儿在园一日生活中的最后环节，对幼儿来说，经过一天的游戏、学习和生活后，因为父母的到来，会显得异常兴奋、期待，可以说这是幼儿一天中最为放松的时刻。对教师来说，这是日常工作的一部分，良好的组织与管理能够从侧面向家长传递幼儿在园生活和幼儿园的教育理念，可以说离园环节是家园互动的直播窗口。对家长来说，此环节是了解幼儿在园一天的生活、游戏情况的最直接的方式。

因此，怎样让幼儿既自主又有序地进行离园活动，安全护送幼儿离园，为幼儿一天的快乐生活画上圆满的句号，是每一位教师需要思考的问题。

一、离园环节易出现的安全问题及防护措施

离园准备的有条不紊、离园路上的平稳有序、家长交接的仔细确认、家园沟通的详略有度、离园清场的认真仔细，这些细节都是离园安全的关键因素。

离园准备时跑闹摔倒
- 教师：引导幼儿自主、有序地做准备；提醒幼儿穿戴好衣物。
- 保育员：配合班级教师，对个别幼儿进行提示；关注个别幼儿衣服、鞋袜是否整齐。
- 家长：引导幼儿建立自我保护意识，能够在离园时保护自己不受伤。

安静游戏时发生意外
- 教师：有序地组织离园前的安静游戏活动，和幼儿讨论离园时可能发生的危险，以及离园时的正确做法。
- 保育员：配合教师关注幼儿游戏状况，关注幼儿游戏时是否出现矛盾及危险。
- 家长：引导幼儿不在离园时与他人争抢玩具，离园时带好自己的东西。

离园路上跌倒磕伤
- 教师：与幼儿共同制定相关的离园规则，鼓励、表扬会保护自己和他人的幼儿。
- 保育员：及时清点离园幼儿人数，关注走出队伍的幼儿，及时提醒幼儿。

幼儿跟随陌生人离园走失
- 教师：告知幼儿不跟陌生人走，离开之前要与教师说"再见"；提醒幼儿未告知教师就离园可能会发生的危险。
- 保育员：在教师送孩子时要关注其他幼儿，谨防幼儿走失，避免冒领。
- 保安：按照规定的时间开、关园门；戴好安保装备，注意观察各种安全问题；逐一检查家长证件；对于没有家长陪同的幼儿，及时阻止幼儿单独离园，并交给班级教师，谨防幼儿走失。
- 家长：找到自己班级后，排好队等待，接到幼儿后引导幼儿与教师说"再见"；请别人来接幼儿时，一定要提前与教师沟通并带好接送卡。

家长与教师沟通时幼儿发生意外
- 教师：将所有幼儿送到家长手里后，如需要再与家长单独沟通。
- 保育员：教师与家长沟通时，看护未接幼儿。
- 家长：与教师沟通时，看护好幼儿，与幼儿手牵手，避免发生意外。

幼儿放学后在园游戏发生意外
- 教师：引导家长和幼儿离园时不在园区逗留。
- 保育员：及时提示幼儿与家长尽快离园。
- 保安：及时疏散幼儿园内的幼儿和家长，避免安全事故发生。
- 家长：接到幼儿后尽快离园；离园时大手牵小手，不让幼儿自行玩耍。

家长进班级安全隐患
- 教师：在教室门上贴上禁止穿行的标志；在教室门口放置摇铃等发声物，家长来时摇铃通告教师。
- 保育员：提前为幼儿准备好回家的衣物，家长按门铃时把幼儿带到门口交给家长。
- 家长：遵守幼儿园制度，在教室门口等待教师把幼儿送出，不擅自进入教室。

离园环节易出现的安全问题及防护措施

二、典型案例分析与解读

老师，我不能走

—— 离园环节中的安全问题

（一）案例描述

周三晚上离园环节，围在教师身边询问幼儿情况的几个家长逐渐散去，孩子们陆续向教师说再见并跟随家长离开，只见一位奶奶拉着一名幼儿站在小宝边上说着什么，小宝身体向后倾斜、手臂甩了一下，好像在拒绝什么，我马上走到小宝身边，拉过他的手。

教师： 请问您是？

家长： 我是大四班的家长，是小宝家的邻居，小宝每天跟我们坐一辆车回家，今天他奶奶有事接不了他，让他跟我们一起回去。

教师： 您有小宝的接送卡吗？

家长： 没有，他奶奶打电话说实在赶不过来。

教师： 小宝，她是邻居奶奶吗？

小宝： 她是邻居奶奶，但是老师，我还不能走！您说过，没有老师的同意，不是自己的家长，我们都不能走！

听了小宝的话，我马上竖起大拇指肯定了他的做法，为他的自我保护意识而感到欣慰，更为他能够坚持自己的想法而高兴！

教师： 没关系，我陪孩子等一等，我理解您也是好心，但是没有什么比孩子的安全更重要的了！

（二）案例分析

送幼儿是离园环节中的最后一个活动，在这一活动中所有家长聚集在班级或幼儿园门口，在较短的时间内教师要完成家长身份核验、家园沟通等多项内容，时间紧、任务重，此时由于人员杂乱照顾不过来，易造成疏于看护幼儿，因此有诸多隐患。 虽然，在入园教育时教师明确提出接送制度与要求，但家长不遵守规则的现象时有发生，甚至稍不留神就会出现安全事故。 造成这些问题的原因主要有以下几点。

1. 离园环节人员密集、秩序混乱，易出现安全问题。

离园交接活动的特殊性在于人员密集，家长、教师、幼儿都在园门口，容易出现以下问题：其一，家长等待时间过长，会出现秩序混乱，容易发生争执，从而发生安全问题。 其二，家长急于了解孩子在幼儿园的状况，围在教师身边导致教师无法关注到每一位幼儿的情况。如此时班级教师对未接幼儿疏于看护，则会出现安全问题。

2. 离园环节中教师组织、分工不合理，导致的安全问题。

离园环节人员集中，教师分工不明确导致对于接送证件的查验不及时、不仔细，极易出现查错、漏查的现象，导致幼儿走失。在案例中，因教师分工不明确，导致查验家长信息时漏查了小宝的家长，负责看护未接幼儿的教师被家长询问并未及时发现，因此险些出现"代接"的安全问题。

3. 家长对离园制度的重视不足，埋下的安全隐患。

家长对幼儿离园环节中的安全问题重视不足，表现为不是固定的人员接幼儿，而是不同的家庭成员接幼儿，但是不是所有的家庭成员都了解接送制度，也没有严格遵守接送制度的观念，当接送人员变动时，对接送制度不了解极易出现安全隐患。比如，案例中在未告知班级教师的情况下私自请邻居接幼儿回家，家长并未考虑到幼儿园接送制度及接送幼儿途中的安全问题，导致幼儿在离园环节出现走失的危险。

（三）出谋划策

幼儿园应当严格执行国家和地方幼儿园安全管理的相关规定，特别提出应建立健全幼儿接送交接的安全防护和检查制度。可见，提高防范意识、培养幼儿的安全意识及自我保护能力已成为确保离园安全的必要活动。我们要通过安全教育引导家长、幼儿将安全知识转化为思想和行动。为了保证离园活动安全，有如下几点措施。

1. 合理创设安全离园环境提示，帮助幼儿强化安全意识。

环境创设不仅起到美化的作用，还能为幼儿提供学习和交流的机会，能让幼儿在潜移默化中了解生活中常见的安全防护措施，提高安全防范意识，养成良好的行为习惯。

一是离园准备环节，此环节包含餐后漱口、如厕、整理服装、抹油、带物品等活动，一般比较忙碌，幼儿做事快慢不同，加之回家心切，最容易发生危险。教师可以和幼儿一起讨论离园前准备事宜及安全提示，将讨论结果贴在盥洗室墙面上，引导幼儿自然有序地开展离园前准备活动，提示幼儿注意安全。

二是设计安全标志。引导幼儿观察离园环节中的安全隐患，设计并绘制各种各样的安全标志，如上、下楼梯两边的台阶上画上小脚丫和右侧行走的标志，引导同伴轻松、自然地根据小脚丫靠右走，调动幼儿参与兴趣的同时，丰富和强化幼儿的安全常识。

三是创设我是小小安全员板块，激发幼儿做幼儿园安全的小主人，运用所学的绘画技能，记录自己在离园活动中的发现。如"活动室里这样走""我设计的安全楼梯""回家路上"等绘画活动，为幼儿提供经验分享的平台，拓展幼儿的安全常识。

2. 利用多种教育方法提高幼儿安全认知水平。

安全心理学认为，无论是要克服人的不安全行为，还是要辨别物的不安全状态，都和人的认知心理有密切关系。认知不良或认知缺陷是导致事故和准事故的深层原因之一。因此，教师要对幼儿进行相关安全概念的认知教育，如"陌生人""排队""安全隐患"等概念的认知。教师可利用"价值澄清法"对幼儿进行安全教育。例如：让幼儿观看自己离园时的照片资料，讨论哪些行为是正确的，哪些行为需要改正，再观看正确的行为，引导幼儿思考，产生正确做法的愿望。

针对个别幼儿的行为，教师可适当采用案例教育或榜样作用的方法，让幼儿认识到不适宜行为的后果，对幼儿进行安全意识培养。如引导幼儿想一想、说一说不排队下楼梯、离园路上打闹的行为会引发哪些情况，我们应该怎样做会更好，然后观看正确的行为，认识到生活中的不安全事故的后果。也可采用榜样作用法，引导幼儿关注同伴间的相互作用，向生活中的"好样子"看齐，寻找自己与他人的差距，提高幼儿安全认知水平。如在案例中教师和小朋友们一起分享了小宝的故事，孩子们都为他的自我保护意识而鼓掌，相信在小宝的榜样作用下，孩子们更能够增强安全防范意识与自我保护能力。

3. 离园环节中教师分工合理，责任到人。

离园环节需要班级教师间的相互配合，教师可利用班级班务会时间明确教师在离园环节的分工。如负责接待家长的教师、负责看护幼儿的教师、负责查验家长证件的教师等，每位教师各负其责，把握住一日生活中的最后一个环节，共同为幼儿在园的一日生活的安全画上句号。

4. 倡导家长自觉、有序地参与离园活动，为幼儿树立榜样。

离园活动的有效开展离不开家长的配合与支持，幼儿的教育工作更是离不开家长的言传身教。在离园活动时可参考方法如下：其一，各年龄班分时段离园，划分班级等候区，值班园长或教师提前引导家长在固定区域排队等候。其二，号召家长志愿者及家长委员会加入，带动班级家长有序排队,使班级离园环节更加有序。 其三,以"小手牵大手"的方式,引导幼儿提醒家长排队。 其四,利用家长会或单独沟通的方式着重强调离园环节的安全隐患,引起家长的重视,使其自觉遵守幼儿园接送制度。 如案例中教师将小宝的做法告知家长,并向家长重新介绍接送制度和可能出现的安全问题,引起家长的重视并赢得家长的配合。

(北京市六一幼儿院　许倩倩)

第二章

区域活动中的安全防护

【安全目标】

1. 为幼儿创造有序的游戏环境和安全的心理环境。

2. 掌握区域活动中各环节的安全工作内容。

3. 时刻关注幼儿的需求，提供及时、有效的帮助。

4. 通过与幼儿共同讨论制定区域游戏规则，培养幼儿的规则意识并引导幼儿学会遵守规则。

第一节 角色区的安全防护

角色游戏是幼儿通过想象，创造性地模仿现实生活的活动。它为幼儿提供了模仿、体验人与人关系的机会，为他们形成良好的社会交往能力打下基础。

幼儿园常见的角色区活动有快餐店、烧烤店、水吧、银行、医院、超市、理发店等。教师应根据角色区的特点和幼儿的活动情况，设计丰富的游戏内容；教师必须为游戏中的幼儿选择合适、安全的游戏场地和游戏材料，这是游戏顺利进行的保障。有了这样的安全保障，幼儿才能在快乐的游戏中发挥他们的积极性、主动性和创造性，教师才能引导幼儿主动深入地学习，从而达到寓教于乐的效果。

一、角色区易出现的安全问题及防护措施

游戏场地的安全性、游戏材料的适宜性、游戏中的友好合作、玩具使用的科学合理都是保障角色区游戏安全、愉悦、顺利进行的必要条件。

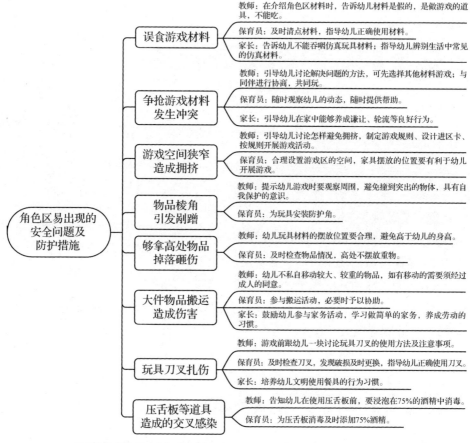

角色区易出现的安全问题及防护措施

误食游戏材料
- 教师：在介绍角色区材料时，告诉幼儿材料是假的，是做游戏的道具，不能吃。
- 保育员：及时清点材料，指导幼儿正确使用材料。
- 家长：告诉幼儿不能吞咽仿真玩具材料；指导幼儿辨别生活中常见的仿真材料。

争抢游戏材料发生冲突
- 教师：引导幼儿讨论解决问题的方法，可先选择其他材料游戏；与同伴进行协商，共同玩。
- 保育员：随时观察幼儿的动态，随时提供帮助。
- 家长：引导幼儿在家中能够养成谦让、轮流等良好行为。

游戏空间狭窄造成拥挤
- 教师：引导幼儿讨论怎样避免拥挤，制定游戏规则、设计进区卡、按规则开展游戏活动。
- 保育员：合理设置游戏区的空间，家具摆放的位置要有利于幼儿开展游戏。

物品棱角引发剐蹭
- 教师：提示幼儿游戏时要观察周围，避免撞到突出的物体，具有自我保护的意识。
- 保育员：为玩具安装防护角。

够拿高处物品掉落砸伤
- 教师：幼儿玩具材料的摆放位置要合理，避免高于幼儿的身高。
- 保育员：及时检查物品情况，高处不摆放重物。

大件物品搬运造成伤害
- 教师：幼儿不私自移动较大、较重的物品，如有移动的需要须经过成人的同意。
- 保育员：参与搬运活动，必要时予以协助。
- 家长：鼓励幼儿参与家务活动，学习做简单的家务，养成劳动的习惯。

玩具刀叉扎伤
- 教师：游戏前跟幼儿一块讨论玩具刀叉的使用方法及注意事项。
- 保育员：及时检查刀叉，发现破损及时更换，指导幼儿正确使用刀叉。
- 家长：培养幼儿文明使用餐具的行为习惯。

压舌板等道具造成的交叉感染
- 教师：告知幼儿在使用压舌板前，要浸泡在75%的酒精中消毒。
- 保育员：为压舌板消毒及时添加75%酒精。

二、典型案例分析与解读

超市风波

——幼儿角色区中的安全问题与策略

（一）案例描述

区域游戏时间，玉玉到小超市当"顾客"，刚进超市，玉玉就发现石头站在超市正中间，对着佳成大喊："我先来的，这儿的葡萄是特价，我要买给我妈妈吃的。"佳成也振振有词地说："我先看到的葡萄，我也要买给我妈妈吃的，不能给你。"玉玉看见两人吵架，便过来调解："你们别吵啦，小朋友之间要相互谦让。"没想到，石头和佳成吵得更凶了。玉玉看到调解无果，只好站在旁边看着，其他"顾客"也围过来说："别吵啦！超市本来就不大，现在都堵住了！"围观的人越来越多，狭小的超市被围观的"顾客"挤得水泄不通，拥挤的场面持续了两分钟后，冬冬一不小心绊到果果的脚摔倒了，冬冬趴在地上发出了咯咯咯的笑声，其他小朋友看见冬冬在地上觉得很好玩，三四个孩子上前都压在冬冬的身上，整个超市混乱了起来……

（二）案例分析

案例中，幼儿在游戏中的交往问题和突发情况是突出的安全问题，我们也看到了这些问题发生的经过。这些问题背后的原因如下。

1. 游戏区的场地狭小易出现幼儿拥挤的现象。

游戏中的场地和参与人数，是保证游戏活动顺利开展的前提。区域游戏中每天都有不可预知的安全状况发生。例如，案例中的围观、挤压等现象，是游戏场地狭小所造成的安全隐患，因此，区域空间设置不合理是此问题发生的间接原因。

2. 幼儿游戏中模仿感兴趣和刺激的动作行为引发的安全问题。

在游戏中，幼儿喜欢模仿在电视中、生活中发生的情节。有的幼儿模仿的是好的行为，比如如何购物、营业员的服务等；而有的幼儿则模仿的是自己感兴趣的行为。例如，游戏中一个幼儿摔倒，其他幼儿觉得刺激好玩会故意摔倒在这个幼儿身上，叠压上去，这是大多数幼儿，特别是男孩喜欢做的危险动作，如果模仿这个游戏中的幼儿过多，会造成被压在下面的幼儿身体不适，甚至出现四肢麻木、休克等不良反应，如不及时制止还会造成生命危险。因此在这种游戏状态下，幼儿的"兴奋游戏"往往会造成不可逆的后果。

3. 幼儿缺乏角色区角色职责的经验，缺少角色区游戏解决交往问题的方法。

刚上中班的幼儿常常会因为情绪情感的易冲动性、社会认知和社会技能的限制而与他人发生冲突，冲突会引发安全问题。在案例游戏中，因为幼儿缺乏在游戏中解决问题的经验，如两名幼儿大喊，其他"顾客"围观，"店长"不出面解决问题，都是幼儿缺乏游戏交往经验的表现。

（三）出谋划策

游戏安全问题是游戏顺利进行的保障，游戏怎样才能顺利、快乐、有序地进行是值得教师深思的，下面我们将归纳出来的解决办法跟教师们共同探讨分享，也请教师们根据自己班级的实际情况举一反三来借鉴。

1. 教师合理设计游戏场地，避免拥挤踩踏问题。

（1）调整超市布局，使其更有利于幼儿开展游戏。

与幼儿商讨游戏场所的选择与设置，使超市布局更合理化，更有利于游戏的顺利开展。 如超市设置在宽敞、通风好的位置。 为避免拥堵，也可以在地面粘贴购物引导线，引导幼儿按照一个方向行进，减少拥挤的发生。

（2）合理利用空间，打造方便幼儿游戏的活动区域。

在空间有限的情况下，怎样才能有效利用空间，让空间最大化服务于幼儿的游戏活动？ 首先，利用适合灵活挪动、拆卸的隔断来拓展空间，当幼儿人数多，显拥挤时可挪动屏风、隔断，扩大空间，让幼儿的游戏能安全顺利地进行。 其次，通过分流超市人员实现控制人流数量，如请不着急购物的幼儿当超市安检员、保安等职位，在超市外面活动，等超市内客流少了再进入游戏。 也可以在区域游戏中根据游戏场地相应地做一些进区卡、进区标牌或角色分工牌等，起到分流人员的作用。

2. 教师利用游戏评价环节来解决幼儿游戏中的安全问题。

当角色区发生不安全的模仿游戏时，教师应及时制止这种刺激性的游戏内容，把这个"叠压"游戏的危害及时讲解给幼儿，让幼儿有不做危险行为的意识。 在游戏后的评价环节与幼儿沟通游戏中的安全问题。 例如，空间狭小、幼儿在游戏中的争吵等问题，通过讨论、观看事故视频等方式，让幼儿知道怎么做才是正确的，如果不这样做会出现什么后果，以此培养幼儿的安全意识和自我保护意识。

3. 在角色游戏区建立幼儿的角色意识。

许多角色游戏区的安全问题是因为幼儿不明白自己的职责，不知道如何去帮助别人，当争吵发生时充当了看热闹的路人，所以教师要帮助幼儿熟悉角色职责，幼儿明白自己的职责就能更好地履行职责，能积极参与游戏当中。 当角色区的每一名游戏者都能很好地扮演自己的角色时，能更好地促进游戏的顺利开展，才能减少不安全事件的发生。

（北京市六一幼儿院　陈　巍）

拓 展 阅 读 ▷▷▷▷▷▷▷▷

超市危险点排行榜

TOP1：玻璃器皿柜台

危险原因：由于超市是开架售货，喜欢东摸西碰的幼儿一不小心就可能打碎器皿，被撞伤或者割伤。

爸妈预防术：带幼儿去超市时，尽量避免去这些柜台，如果要去，最好让幼儿坐在购物车里，并在过道中间推行，离这些柜台远一些，买完东西后迅速离开。

TOP2：食品区

危险原因：食品区往往是幼儿最喜欢的地方，但也不能放任自流。因为幼儿很可能会把他拿得到的东西吃下去，引起窒息、梗塞等意外伤害，或者见什么抓什么，把整齐的商品搞得乱七八糟，令自己难堪。

爸妈预防术：1. 购物前，先和幼儿约法三章，不要乱跑，不要乱动商品，不要把拿到的东西放到嘴巴里。

2. 不管什么原因，都不要让幼儿离开家长的视线。

TOP3：玩具区

危险原因：超市的玩具区也是一个雷区，因为这里有种类繁多的玩具，幼儿很可能因为操作不当而受到伤害。

爸妈预防术：1. 进超市后，先买幼儿感兴趣的玩具，减少幼儿购物时的兴奋度。

2. 即使是在玩具区，也不要让幼儿单独去拿或玩陈列在柜台上的玩具。

TOP4：手推车

危险原因：从某种程度讲，把年幼的孩子放在手推车里可以避免许多危险因素，但幼儿也可能会被其他购物手推车撞倒或夹到，有些好动的幼儿还容易从手推车中翻落。

爸妈预防术：1. 在两辆手推车交会时，要留心幼儿的手脚，注意不要被夹到。

2. 不要让幼儿独自待在手推车中，自己去购物。

3. 用丝巾将幼儿的腰部与手推车系在一起，以免幼儿翻出手推车。

TOP5：冷热空调

危险原因：冬夏两季，超市内的温度通常会与室外相差很多，容易诱发幼儿的各种疾病。

爸妈预防术：1. 夏天去超市，为幼儿多带一件外套；冬天则注意及时为幼儿脱去外套。

2. 进出超市时，在门口多逗留一会儿，避免一下过热或过冷。

参见牟晓伟：《超市购物 慎防手推车暗藏杀机》，载《消费》2006（9）。

第二节　美劳区的安全防护

美劳区是大多数幼儿喜欢的一个区域。 在美劳区，幼儿用多种方式表达自己对周围事物的感受，由于美劳区的表现方式多样，有绘画、剪纸、粘贴、废旧材料制作等，种类繁多；美劳区的材料也很丰富，有各种笔、纸、颜料、百变贴、胶条器、剪刀，还有诸如竹筷子、纸盒、瓶子盖、幼儿收集的各种自然物等材料。 但因幼儿年龄小，好奇心强，精细动作发展不足，生活经验欠缺，在使用各种美工材料时存在使用方法不当、安全意识不足、不能考虑到自身和他人安全等方面的问题，需要成人的关注与指导。

一、美劳区易出现的安全问题及防护措施

美劳区因涉及动手操作，需要幼儿专心致志。 为方便幼儿操作，需要把美劳区安排在安静、宽敞的地方。 另外，在幼儿动手操作之前，教师要进行工具、材料使用的安全教育，避免因幼儿不会使用工具材料而造成伤害等。

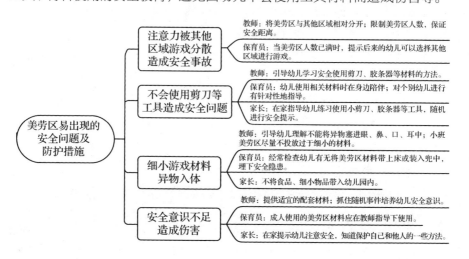

二、典型案例分析与解读

会咬人的小剪刀
——美劳区里的安全问题

（一）案例描述

要过新年了，美劳区的幼儿将手工纸对角折后剪三角形、半圆形、树叶等形状，打开后就成了漂亮的窗花。小欢将手工纸对角折后，用剪刀费了半天劲儿也剪不动。他拿着剪刀，将剪刀尖朝上放在嘴边，一张一合，感觉到剪刀凉凉地碰在嘴边，一点一点向嘴唇中间靠拢，直到剪刀把嘴唇夹住了才停止动作。正在指导旁边桌的教师转身发现了小欢的动作，怕吓到小欢不敢大声说话，就悄悄走过去从后面握住了小欢拿着剪刀的手，阻止了小欢危险的探究动作。小欢尝试完剪嘴唇，觉得很有意思，趁教师不注意，他又把脑门上面的头发往下拽了拽，眼睛看着头发，右手拿着剪刀剪向头发。张开的剪刀尖像条张开嘴随时准备咬人的大鳄鱼。这时，旁边表演区的六福和朵朵在表演《西游记》，扮演唐僧的六福假装骑着白龙马从小欢旁边走过，宽宽的衣服袖子不小心碰到了小欢手里的剪刀，剪刀往前一冲，差点儿碰到了小欢的眼睛。

（二）案例分析

美劳区会投放一些剪刀、胶条、订书机等美术工具。幼儿在使用这些工具时往往会因没有掌握正确的使用方法、缺乏安全使用的常识造成安全隐患，需要教师引起足够的重视。

1. 幼儿不能正确操作工具出现的误用行为导致的危险。

由于多数幼儿在家受到过度保护，未使用过或很少使用剪刀，到幼儿园后普遍存在动手能力差的现象。家长怕小欢碰剪刀危险，在他上幼儿园之前很少给他拿剪刀的机会。小欢手部小肌肉精细动作发展不灵活，使用剪刀的正确方法和经验比较欠缺，不能顺利地完成用剪刀剪窗花的任务，所以出现了尝试剪嘴唇、剪头发等危险动作。

2. 幼儿的探索行为导致的危险。

三四岁幼儿的思维活动主要是直觉行动思维和具体形象思维占主导，依靠声音、气味、形状、味道等动作的参与来进行思考判断，他们对自己感觉器官所接触的物质材料充满了好奇。好奇的天性让小欢在不能将增厚的纸剪开后就开始在自己身上进行尝试，尝试做剪嘴唇、剪头发等危险动作，而缺乏足够安全意识的他不知道这样做的严重后果。

3. 区域设置不合理导致的安全问题。

相对声响、动作较大的表演区与需要安静的美劳区相邻，容易造成幼儿间的相互碰触和干扰。尤其是美劳区的幼儿在使用工具时，如果遭遇手舞足蹈的表演区"演员"的碰撞，极易发生危险。

（三）出谋划策

因幼儿对美劳区可能使用的工具和材料不会安全熟练使用，所以教师应加强对工具材料使用方面的指导。对幼儿能力的了解、工具的使用情况、材料的安全、设施的合理安排等教师都要做到心中有数，才能最大限度地保障幼儿的安全健康。

1. 危险现场的处置需要教师淡定冷静，避免惊吓幼儿造成伤害。

教师要了解幼儿使用美劳区工具的情况，对于工具使用不熟练、安全意识弱的幼儿，教师做到心中有数，在使用工具时给予更多的关注与指导。当幼儿有不安全举动时教师避免用呵斥、粗鲁的行为进行制止，教师要采取温和而坚定的态度对幼儿危险行为进行引导，以免吓到幼儿引发伤害。在本案例中，教师看到小欢剪自己的嘴唇，就悄悄地走到小欢身后，握住小欢拿剪刀的手，轻轻地将剪刀拿开。

2. 对幼儿进行使用工具材料的教育，强化幼儿对自身和他人的安全防护意识。

随着手部精细动作的发展，幼儿对工具的使用也会更多。但是由于幼儿安全意识不够，自我保护能力较差，在使用工具时极易发生危险。针对幼儿不能正确使用工具问题，教师应开展"安全使用工具和材料"等系列活动，通过谈话、情景表演、小小安全提示员等活动，帮助幼儿理解不正确使用工具的危害，教给幼儿正确使用工具和材料的方法，提高幼儿的自我保护意识与能力。例如，可以通过绘本帮助幼儿理解工具可以怎样用更安全。推荐绘本《"咔嚓"》。

图 2-1 《"咔嚓"》

教师还可以利用示范、图示、一对一指导等方法引导幼儿学习安全使用剪刀、胶条器等美劳区工具以及培养幼儿养成安全收放剪刀等工具的习惯，提高幼儿的安全意识；也可以抓住随机事件和幼儿活动中出现的情况及时与幼儿共同制定美劳区的安全规则，并以图文并茂的形式贴在区域提示板上帮助幼儿理解和遵守规则。

3. 家园共育提高幼儿的工具使用能力。

教师发现幼儿不会使用剪刀时，除了个别指导来帮助幼儿，还要利用家长资源，鼓励家长在家支持幼儿的美劳活动，指导幼儿学习安全使用工具的方法，强化幼儿对自身和他人的安全防护意识。 比如，案例中的小欢在家从没有使用过剪刀，小欢在美劳区使用剪刀非常好奇，才会尝试剪嘴唇、剪头发、用剪刀指眼睛等危险动作。 教师了解这一情况后提示家长要让孩子在家有更多的使用剪刀的机会，帮助小欢了解剪刀应该怎样使用，一对一的指导能帮助幼儿成长得更快。 在此时进行的安全提示也会让幼儿记得更清楚。

4. 美劳区材料的合理取放降低安全风险。

美劳区材料的配备还可以采取套装式，如将剪刀和塑料盘搭配使用。幼儿在拿取剪刀时要放在塑料盘子里。 这样，剪下来的碎纸也可以放在盘子里，保持周围环境的整洁，剪刀不用时养成将剪刀放在盘子里的好习惯。取放剪刀时将剪刀放在盘子里，能有效避免幼儿手持剪刀在活动室行走，对自己和他人造成的安全隐患。 如果需要给别人递剪刀，要学会自己攥住剪刀尖，将剪刀柄递给对方的传递剪刀的安全方法。

5. 区域的合理设置降低安全风险。

合理划分班级区域，将美劳区尽量安排在相对安静的区域，避免幼儿间相互影响和触碰。 特别注意美劳区的装饰和作品展示，注意不要悬挂沉重的画框等，应选择材质轻的物品悬挂，避免掉落伤及幼儿。 投放玻璃制品时也要特别关注，防止玻璃破碎时扎伤幼儿。

（北京市六一幼儿院　宋　颖　李　硕）

拓展阅读 ＞＞＞＞＞＞＞＞

第二章　区域活动中的安全防护

海洋宝宝吃进肚里有多恐怖

海洋宝宝是较受儿童欢迎的一款玩具，遇水前如小黄豆大小，浸泡一段时间后，可"长大"百倍。

近年来，常有儿童误食海洋宝宝入院接受治疗的案例见诸报端。近日，株洲一名两岁大男童乐乐（化名），就因为误食海洋宝宝导致肠梗阻，差一点儿要做手术。

记者在多个摊位探访发现，常见的海洋宝宝不仅是三无产品，而且也没有安全警示。

本报长沙讯 10 日，湖南省儿童医院普外一科，病房内两岁的乐乐在妈妈的陪伴下玩耍。此前，他因为误食海洋宝宝导致肠梗阻，被紧急送至医院救治。

《潇湘晨报》记者将购买的海洋宝宝放入矿泉水瓶内，加入适量的水，海洋宝宝吸水后开始逐渐变大。约一小时后，黄豆大小的海洋宝宝变成了葡萄大小。约三小时后，海洋宝宝变成了小金橘大小。

据了解，海洋宝宝是一种高吸水性树脂，大小似绿豆，一旦吸收水分之后，在几小时内能够吸收高达自身重量 50 至 100 倍的水分，且不会被胃酸腐蚀。

湖南省儿童医院普外一科医师刘一君表示，海洋宝宝被儿童误食后，会在消化系统中吸收水分而膨胀，极易在儿童的肠子里卡住，造成肠梗阻。

摘自张树波：《海洋宝宝吃进肚子里有多恐怖》，载《潇湘晨报》，2018-12-11。文字有改动。

第三节　建构区的安全防护

幼儿园建构区是为满足幼儿动手操作的需要而创设的，是幼儿利用各种结构材料和辅助材料来搭建各种物体，融想象创造、审美造型于一体的活动区域。

建构材料是结构游戏的物质支撑，造型精美的材料能够激发幼儿参与的积极性，建构游戏以它独具的魅力深受不同年龄段幼儿的喜欢。幼儿可以使用种类繁多、质地多样、可随意变换、反复创建的积木、积塑及生活中随处可得的废旧物品等建构材料进行随意搭建（排列、组合、接插、镶嵌、拼搭等），但在这个过程中，也可能会出现一些问题。比如，材料多、占地面积大，材料会绊倒幼儿，幼儿游戏时因面积不够而互相碰撞等，都需要引起教师的重视。

一、建构区易出现的安全问题及防护措施

建构区中的幼儿游戏存在不会合理使用建构材料、搭建中乱拿乱放、搭建水平影响建构作品的牢固性等安全隐患，这需要从提高幼儿搭建技能及培养幼儿良好的行为习惯方面入手来解决安全问题。

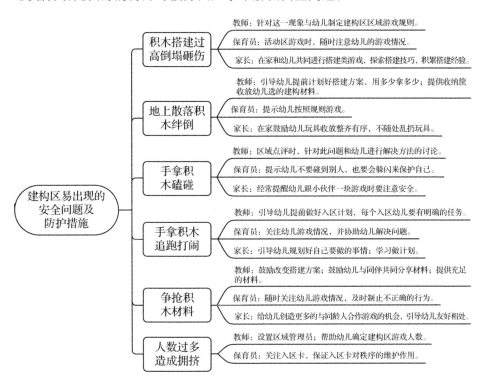

建构区易出现的安全问题及防护措施

- 积木搭建过高倒塌砸伤
  - 教师：针对这一现象与幼儿制定建构区区域游戏规则。
  - 保育员：活动区游戏时，随时注意幼儿的游戏情况。
  - 家长：在家和幼儿共同进行搭建类游戏，探索搭建技巧，积累搭建经验。
- 地上散落积木绊倒
  - 教师：引导幼儿提前计划好搭建方案，用多少拿多少；提供收纳筐收放幼儿选的建构材料。
  - 保育员：提示幼儿按照规则游戏。
  - 家长：在家鼓励幼儿玩具收放整齐有序，不随处乱扔玩具。
- 手拿积木磕碰
  - 教师：区域点评时，针对此问题和幼儿进行解决方法的讨论。
  - 保育员：提示幼儿不要碰到别人，也要会躲闪来保护自己。
  - 家长：经常提醒幼儿跟小伙伴一块游戏时要注意安全。
- 手拿积木追跑打闹
  - 教师：引导幼儿提前做好入区计划，每个入区幼儿要有明确的任务。
  - 保育员：关注幼儿游戏情况，并协助幼儿解决问题。
  - 家长：引导幼儿规划好自己要做的事情，学习做计划。
- 争抢积木材料
  - 教师：鼓励改变搭建方案，鼓励幼儿与同伴共同分享材料；提供充足的材料。
  - 保育员：随时关注幼儿游戏情况，及时制止不正确的行为。
  - 家长：给幼儿创造更多的与同龄人合作游戏的机会，引导幼儿友好相处。
- 人数过多造成拥挤
  - 教师：设置区域管理员；帮助幼儿确定建构区游戏人数。
  - 保育员：关注入区卡，保证入区卡对秩序的维护作用。

二、典型案例分析与解读

啊！好疼呀！

------幼儿在建构区安全活动的策略

（一）案例描述

今天，大橙子进入建构区后拿了一筐积木，从筐里随意地取出一块积木，开始往上搭高。积木越搭越高，突然"嘭"的一声，积木倒塌落散了一地，发出很大的声音，吓了大家一跳。原来是元宝走过来把大橙子搭的

积木推倒了，推完了自己还在旁边哈哈大笑了起来，特别开心。大橙子看了看元宝，什么也没说，又马上把积木捡回了筐里，继续搭。

这回他把大的积木放在了最下面，小的搭在了上面，越搭越高，直到搭到他够不到的高度，才停了下来。旁边的小朋友都被大橙子搭的"高楼"吸引而来，这时，元宝拿着一块积木走过来，搭在了大橙子搭的积木的最上面，旁边的小朋友都惊喜地欣赏着这个比所有人都高的作品。这时元宝一不小心撞到了这个"高楼"，"嘭"的一声积木又一次倒了下来，不料掉落的积木砸到了元宝的脚，"啊！好疼呀！"元宝喊了出来，大家都呆住了……

（二）案例分析

建构区游戏是幼儿最喜欢的区域活动之一。 但是在此区域进行游戏时，幼儿使用的材料多是木质材质，见方见角，块头大且沉重，积木品种多，加之游玩时幼儿对一些常见问题的认知不足，也会导致意外情况的发生。

1. 建构区投放的木质实心积木易产生一些安全隐患。

建构区投放的游戏材料种类繁多，形状各异，主要是各种材质的积木。搭建材料的材质不同，有轻软的海绵积木，也有沉重坚硬的木质积木，还有塑料、硬质纸类等不同材质的积木。 建构区以空间搭建为主，需要多种不同材质积木支持幼儿游戏。 幼儿年龄较小，对于轻软的积木和沉重坚硬的积木之前没有过多的了解，不了解沉重坚硬的实木积木在游戏时从高处坠下会砸到人，对人的身体造成伤害，是一件很危险的事情，所以建构区提供的实心木质积木与其他区域的材料相比，就会更容易出现危险。 而幼儿在游戏使用积木时并没有注意到材质的危险性，没有进行防备，也缺乏自我保护的意识，所以在积木倒下来的时候幼儿没有进行下意识地躲避来保护自己。

2. 幼儿没有关于搭建的安全意识，搭的建筑过高造成积木倒塌砸脚。

幼儿年龄小，结合幼儿的年龄特点，这个时期的大多数幼儿还没能很好地掌握积木建构的技能。 案例中的"建筑"，幼儿虽然注意到了搭建物体的技巧应从大到小，但没有考虑到高度的问题，搭得越来越高，都超过了幼儿的身高，无论是搭建的幼儿，还是围观的幼儿都惊喜于超高的"建筑"，没注意到"建筑"变得不稳固积木随时会倒塌，很容易对幼儿造成伤害。

3. 个别幼儿不能遵守建构区游戏的区域规则，造成的安全问题。

幼儿处于规则建立中的这一发展阶段，在游戏中规则意识不强，很容易出现危险。幼儿在建构区游戏时，由于此区域特别的游戏场域和游戏材料，建构区有很多游戏规则和其他区域是不一样的。为了确保安全，在建构区游戏的幼儿在取用材料时或是搭建过程中，都要有小心不要碰倒区域中自己或他人搭建的"建筑"的意识，防止由于无意的破坏而受到伤害。案例中的幼儿第一次推倒了其他幼儿的"建筑"，因为"建筑"不高，没有被砸到，但第二次恶作剧时积木再次倒下，他依然没觉得有危险而没有躲避，被砸到了脚，受伤了。

（三）出谋划策

综上所述，在幼儿进行建构区游戏活动时，教师应提前让幼儿对建构区游戏的各项安全防护措施有所了解，对此区域的游戏规则熟知并能够遵守。

1. 引导幼儿了解建构材料，学习建构活动的自我保护方法。

教师在指导建构区幼儿游戏时，应引导幼儿在注意自身安全的情况下了解、认识建构区的各种材料，知道这些材料应该怎样玩，它有哪些危险，在游戏时需要我们注意什么，怎样玩更安全。例如，教师带领幼儿通过触摸的方式了解不同材质的积木，知道木质的积木很沉，砸到人会有危险；有边角的积木要小心不要磕到上面，磕到上面会受伤等。请部分幼儿示范正确的游戏方式，这样进行游戏时不会出现危险，让幼儿对建构区的游戏材料的安全玩法有更直观的认识。

2. 教师引导幼儿使用正确安全的搭建方法。

教师可以请几名幼儿运用不同的方式进行相同建筑的搭建，让其他幼儿发现搭建中出现的问题。例如，有的幼儿的建筑总是会倒塌，有的幼儿的建筑摇摇欲坠等。教师可以通过实际操作引导幼儿发现搭积木时，上面的积木和下面积木摆整齐才不容易倒；在架空搭建时，下面两块积木间的距离要比上面的积木短等搭建技巧。通过比较、图示等帮助幼儿找到更适合的搭建方法，并从中知道不正确的搭建方式会出现的安全问题，可能对自身和他人造成的伤害。这样可以丰富幼儿的建构经验，提高幼儿的建构兴趣，发展幼儿的积木建构技能，提高幼儿的安全意识。

3. 师幼共同制定建构区的游戏规则，培养幼儿的安全意识。

幼儿的规则意识是在游戏过程中逐步建立并完善的，教师可以结合幼儿在建构区游戏时出现的问题，引导幼儿讨论，制定出建构区的游戏规则。例如，在搭建活动时，要注意不要在其他幼儿搭建的作品中来回穿行；不使用的材料要及时放回筐中，防止他人踩到摔倒等。这些规则都可以从幼儿在游戏中出现的问题中总结出来，越详细越能在之后幼儿游戏时保障幼儿的安全，并且游戏规则也可以在以后的游戏中随时补充。教师及时发现游戏中出现的问题，把问题抛给幼儿，让幼儿在游戏中发现问题，给予幼儿解决问题的机会，同时也培养了幼儿的安全意识。

4. 教师关注游戏中的交往问题，为安全游戏提供保障。

游戏时，幼儿间的交往也是需要教师关注的一种安全问题。合作游戏、分享互动等也容易引发幼儿间的冲突，容易出现安全问题。教师引导幼儿使用正确的方式方法和他人进行交往、游戏，出现问题时要协商，寻找解决方法，不争抢、不吵闹，增强自身的安全意识。教师适宜的指导会为幼儿的合作游戏提供安全保障。

（北京市六一幼儿院　王心蕊）

第四节　益智区的安全防护

在益智区中，幼儿通过操作探索好玩的智力小游戏和科学小实验，发现各种现象和材料的秘密，初步发展幼儿的探索能力和探究精神。丰富的益智材料带给幼儿更多的知识和乐趣的同时，也存在着一定的安全隐患，幼儿在益智区与同伴的互动、与材料的互动都有可能出现一定的安全问题，需要引起教师、保育员和家长们的注意和重视。

一、益智区易出现的安全问题及防护措施

益智区安全问题主要是跟做实验相关，所以实验的材料安全、操作程序正确、佩戴实验护具等十分重要。教师要培养幼儿具有保护自己和他人的安全意识。

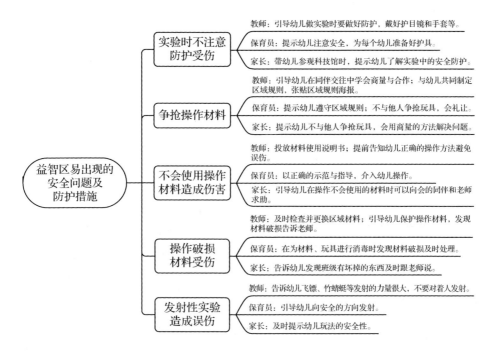

益智区易出现的安全问题及防护措施

实验时不注意防护受伤
- 教师：引导幼儿做实验时要做好防护，戴好护目镜和手套等。
- 保育员：提示幼儿注意安全，为每个幼儿准备好护具。
- 家长：带幼儿参观科技馆时，提示幼儿了解实验中的安全防护。

争抢操作材料
- 教师：引导幼儿在同伴交往中学会商量与合作；与幼儿共同制定区域规则，张贴区域规则海报。
- 保育员：提示幼儿遵守区域规则；不与他人争抢玩具，会礼让。
- 家长：提示幼儿不与他人争抢玩具，会用商量的方法解决问题。

不会使用操作材料造成伤害
- 教师：投放材料使用说明书；提前告知幼儿正确的操作方法避免误伤。
- 保育员：以正确的示范与指导，介入幼儿操作。
- 家长：引导幼儿在操作不会使用的材料时可以向会的同伴和老师求助。

操作破损材料受伤
- 教师：及时检查并更换区域材料；引导幼儿保护操作材料，发现材料破损告诉老师。
- 保育员：在为材料、玩具进行消毒时发现材料破损及时处理。
- 家长：告诉幼儿发现班级有坏掉的东西及时跟老师说。

发射性实验造成误伤
- 教师：告诉幼儿飞镖、竹蜻蜓等发射的力量很大，不要对着人发射。
- 保育员：引导幼儿向安全的方向发射。
- 家长：及时提示幼儿玩法的安全性。

二、典型案例分析与解读

我是安全小卫士
----- 益智区材料使用安全的策略

（一）案例描述

班级开展了安全系列活动之"寻找班级的安全隐患活动"后，林林在益智区玩排序游戏时，突然举起手中排序用的小塑料珠子说："我发现这个珠子很小很小，我可以把它藏进身体里，不过我知道这些东西可不能放进嘴巴、鼻子或者耳朵里，因为如果放进去了就拿不出来了，会出现生命危险。"心宝接着说："这种小珠子也不能乱扔到地上，不小心踩到很容易摔倒就受伤了！"

林林和心宝的话引发了孩子们对益智区玩具使用的思考，于是我们再次开展了益智区安全隐患大排查！小朋友们分工明确，主动分组对益智区各个材料进行了细致的检查。有的小朋友说："这块磁铁摔断了，有一个尖尖的角！太危险了，我们一定要注意，发现后赶紧告诉老师。"有的小朋友说："我们在益智区中不能打闹。"

（二）案例分析

有趣的益智区玩具材料综合性强，具有挑战性，幼儿在对这些材料进行感知、尝试、探究的同时，也会出现一些安全问题。 同时幼儿是直接操作材料的主体，需要教师引导幼儿进行观察与发现，鼓励幼儿多表达在操作时遇到的问题和困难，激发幼儿主动学习的欲望，从根本上减少安全问题的发生。 一般在益智区出现安全问题的主要原因有以下几点。

1. 个别操作材料细小、琐碎，容易发生"异物入体"的安全问题。

益智区材料有一些很小的材料，如塑料珠、某材料配件等，这些小材料本身并不会对幼儿产生伤害，但是基于幼儿年龄特点，幼儿对材料很好奇，想要尝一尝、闻一闻，一不小心就造成了"异物入体"的安全问题。 例如，会塞入耳朵里、鼻孔里等，甚至不小心会吞咽进胃里。

2. 个别材料易损坏，破损材料危害幼儿健康。

益智区材料十分丰富，但一些材料一摔就可能坏掉。 比如，磁铁，掉在地上就断掉了，而且摔断的地方极易出现锋利的尖，出现安全隐患，但是这些材料又是不能用其他材料进行替换的。

3. 个别幼儿不能遵守区域游戏的规则造成安全隐患。

能否遵守游戏规则与幼儿的年龄特点有重要的联系，3～6岁幼儿的规则意识发展的水平参差不齐，甚至部分幼儿还处于萌芽状态，幼儿多半"自我中心"严重，并不是所有幼儿都能轮流游戏和耐心等待，争抢的现象经常出现，有时会造成安全隐患。

（三）出谋划策

综上所述，益智区出现安全问题的主要原因是材料的不安全使用和幼儿不遵守区域游戏规则，解决此问题的方法如下。

1. 教师有针对性地开展系列安全教育活动。

在集体教育活动中开展有关异物入体的安全教育活动，通过一些真实的案例、故事、绘本、视频等资料让幼儿充分了解细小、琐碎物品放入身体中会造成的危害。

2. 引导幼儿对益智区安全问题进行深度体验、学习。

幼儿的自我保护意识是在活动中逐渐建立起来的。 在幼儿游戏时，教师要鼓励幼儿不断发现各种安全问题，支持幼儿自主解决问题，达到幼儿主动学习及深度学习的目标。 例如，幼儿结合已有经验，通过制作一些安全提示标识或者安全宣传海报来表达对安全的理解。

禁止乱扔玩具

图 2-2 我们设计的安全提示标识一

禁止抢玩具

图 2-3 我们设计的安全提示标识二

3. 教师经常检查操作材料，及时更换损坏材料。

益智区材料不仅互动性强，而且有的材料易损坏，幼儿经常使用就易造成材料的正常损坏，往往一些损坏的材料会对幼儿产生伤害。教师经常检查和更换玩具材料确保能够支持幼儿安全游戏。

4. 利用自我教育的方法，提高幼儿安全意识和规则意识。

教师不仅要保护幼儿的安全，更要让幼儿建立起安全意识。教师可以创设角色体验游戏"安全提示员"，利用幼儿互相提醒监督的方式引导幼儿内化规则，引导幼儿自主发现益智区安全隐患，并思考减少安全问题的方法，激发幼儿主动性，提高幼儿的安全意识。

（北京市六一幼儿院　张倩颖）

第五节　语言区的安全防护

区域活动可以说是最能体现发展幼儿自主性、主动性的活动，也是幼儿最喜爱的活动之一，对促进其个性化发展至关重要。幼儿园时期是幼儿语言发展最为迅速的时期，幼儿喜欢与他人一起看书，并喜欢边看边交流，还极易被其他幼儿的图书吸引，所以经常由于几名幼儿同时想看一本书而发生争吵。语言区的安全值得我们关注，因为安全是开展各项活动的基石。

一、语言区易出现的安全问题及防护措施

语言区以明亮、安静为宜，阅读环境要整洁、有序、温馨。教师为幼儿阅读提供良好的阅读环境和有益的场域规则能避免安全事故的发生。

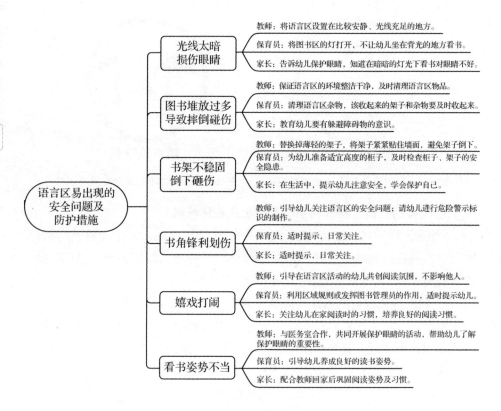

語言区易出现的安全问题及防护措施

光线太暗损伤眼睛
- 教师：将语言区设置在比较安静、光线充足的地方。
- 保育员：将图书区的灯打开，不让幼儿坐在背光的地方看书。
- 家长：告诉幼儿保护眼睛，知道在暗暗的灯光下看书对眼睛不好。

图书堆放过多导致摔倒碰伤
- 教师：保证语言区的环境整洁干净，及时清理语言区物品。
- 保育员：清理语言区杂物，该收起来的架子和杂物要及时收起来。
- 家长：教育幼儿要有躲避障碍物的意识。

书架不稳固倒下砸伤
- 教师：替换掉薄轻的架子，将架子紧紧贴住墙面，避免架子倒下。
- 保育员：为幼儿准备适宜高度的柜子，及时检查柜子、架子的安全隐患。
- 家长：在生活中，提示幼儿注意安全，学会保护自己。

书角锋利划伤
- 教师：引导幼儿关注语言区的安全问题；请幼儿进行危险警示标识的制作。
- 保育员：适时提示，日常关注。
- 家长：适时提示，日常关注。

嬉戏打闹
- 教师：引导在语言区活动的幼儿共创阅读氛围，不影响他人。
- 保育员：利用区域规则或发挥图书管理员的作用，适时提示幼儿。
- 家长：关注幼儿在家阅读时的习惯，培养良好的阅读习惯。

看书姿势不当
- 教师：与医务室合作，共同开展保护眼睛的活动，帮助幼儿了解保护眼睛的重要性。
- 保育员：引导幼儿养成良好的读书姿势。
- 家长：配合教师回家后巩固阅读姿势及习惯。

二、典型案例分析与解读

"小刀"真锋利
------语言区里的安全问题

（一）案例描述

小桃和小乔今天商量一起在语言区看书，最近他们迷上了"花格子大象"的故事，小桃挑好书后开心地说："我给你讲这个故事吧，我听过。"

"我也听过，我给你讲吧！"小桃坚持想讲故事，与小乔争抢起来，谁也不肯让步，小桃铆足了力气，一把抢过图书，连带着小乔也踉跄了好几步，失去平衡，扑向了身边的书架，把小羊书架撞倒了，上面的书纷纷散落，书架砸到小乔的脚，还没等小乔反应过来，只听小桃大叫："啊！好疼呀，我流血了。"小乔顾不上自己的脚，连忙凑过来查看小桃的情况。

由于着急翻书，小桃被锋利的书页划伤了手指，手指上立刻留下了一道深深的血痕，小桃哇哇大哭，小乔看见血吓坏了，立刻大喊老师，老师跑来看到后立即带领小桃到医务室进行消毒处理。

（二）案例分析

语言区看似是比较安全的区域，没有剪子、小刀等较为危险的工具，但是"看似安全"却更容易让我们放松警惕，从而忽略存在的安全隐患。

1. 硬皮图书锋利的书页存在的安全隐患。

通过案例中的描述，我们可以感受到书页的锋利程度堪比小刀，尤其是在幼儿争抢书籍时，书籍中的"小刀"藏在暗处，非常容易被忽视。 手不小心被书页边缘快速划过的人都了解纸张的一个不太为人们所了解的、深深隐藏的秘密——简单地说，一张普通的纸可以变得非常锋利，变成一件真正的武器。 由于纸张充满孔隙，纸张的内部是细菌的家园，那里无数的细菌时刻等待着入侵那被纸张的锋利边缘割伤的伤口。 所以被纸割伤这种既痛又充满感染风险的事情需要引起我们的高度重视。

2. 语言区的书架不稳定造成的安全隐患。

案例中的小乔在争执过程中碰到了书架，虽然没有造成严重伤害，但是仍需要引起我们的重视，语言区的书架高度是否安全？ 书架是否稳定、平衡？ 书架用什么材质最安全？ 如果书架选择、摆放、使用得不合理，书架太重太高，倒下时可能会砸到幼儿。

3. 语言区容易成为教师指导区域活动时的"盲区"。

语言区材料相对单一，幼儿人数相比其他区域也会少一些，容易成为教师指导的"盲区"。 同时班级在选择语言区位置时会关注区域是否相对安静，远离角色扮演区、舞台表演区等"热闹"区域，但需要注意的是语言区所在位置一定是教师们视线所能看到的地方，避免因教师看不到，而发生安全事故。

（三）出谋划策

通过分析可知，语言区的危险是不易被察觉的，所以更加需要教师加以关注与重视，通过多样的策略解决语言区可能存在的安全问题。

1. 运用多种方式引导幼儿了解语言区的安全隐患，提高安全防范意识。

语言区存在很多潜在的安全问题会伤害到幼儿，因此引导幼儿提高安全防范意识是关键。

首先，我们可以开展"安全小卫士"的活动，请幼儿走进语言区，亲自进行安全隐患的排查；还可以请幼儿制作危险标识，粘贴在区域中，作为提示；鼓励幼儿在语言区活动时互相提示安全，知道危险的事情不要做。

其次，教师可以与幼儿共同讨论语言区的区域规则，保证做到以下几点。

第一，不能大声讲话，安静看书，不能推推挤挤，不能撕书；第二，保持正确的阅读姿势，眼睛不能离书太近；第三，要一页一页地翻书，不要快速连续翻动书页，谨防书页划伤手；第四，自由选择图书，归还时要将自己看的图书整理好，按顺序按要求去摆放书方可离开。

2. 为幼儿提供安全的阅读环境，筑牢安全的第一道防线。

安全又温馨的环境是幼儿愉快阅读的前提。语言区书架的高度应与幼儿的身高相匹配，让幼儿视线可以看得到、手可以拿得到，这样便于幼儿操作，又不会因为书架太重太高，倒下时砸到幼儿。出于安全考虑，书架稳固、圆角是必须要满足的要素。

家居式的阅读环境，有利于幼儿阅读兴趣的培养。柔软的地毯、靠垫、沙发椅、毛绒玩具都是非常好的让幼儿感受到温馨、舒适的材料，同时柔软的地毯能够保护幼儿在摔倒时不受到伤害。

区域中设置区域管理员，鼓励幼儿积极参与到小小管理员的职位中来。管理员需提示、引导幼儿在语言区做安全、适宜的事情，保障环境的安全有序。

3. 教师应加强对语言区的观察与个别指导。

虽然我们可以事先查找并消除可能会在语言区出现的安全隐患，但是区域活动过程中未知因素处处存在，这就需要教师在区域巡视中细致观察，当问题出现时及时引导，针对个别幼儿进行个性化的引导，相信会事半功倍。

4. 关注幼儿用眼安全。

语言区应设置在采光良好的位置。采光好，一方面是保障幼儿视力卫生，保护幼儿用眼安全；另一方面阳光充足、光线好的地方，可以采用日照的方式给图书进行消毒，保证幼儿的健康安全，避免一些卫生隐患。

为了让幼儿关注到保护眼睛的重要性，可以邀请保健医走进班中，为幼儿讲解眼睛的重要性及可以在平时做些什么保护眼睛。比如，让幼儿了解正确的看书姿势和方法；知道在光线昏暗的地方不长时间看书等。有了保健医的耐心讲解，再加上教师、家长、同伴的共同提醒，能够很好地帮助幼儿提高保护眼睛的意识。

（北京市六一幼儿院　周佳琳）

用眼卫生知识

◆ 不要在光线过强或光线过弱的地方看书，不在走路、坐车时看书，不要躺着看书，等等。

◆ 看书时要做到：脚放平，背挺直，肩放平，头不偏，眼离书本约一尺，胸离桌子约一拳，书本稳稳拿手中，还要稍稍向外斜。

◆ 看书 40 分钟后要向远处望一望，还要坚持做眼保健操，这样对我们的眼睛很有好处哦。

摘自孙晓娓：《讨论不正确的看书姿势》，载《新语文学习（小学低年级版）》，2013(5)。

第六节　表演区的安全防护

表演区是幼儿园融合节奏乐表演、歌曲表演、舞蹈表演、故事表演、时装表演于一体的表演空间。表演区活动作为幼儿园区域活动的重要组成部分之一，是幼儿十分喜爱的活动形式。因为它为幼儿提供了更多的表演机会，使幼儿在轻松、愉快、自愿的状态下进入游戏。然而表演区中也存在着一定的安全隐患，因为幼儿的表演区需要较为独立、宽阔的场所，所以幼儿园会将表演区创设在睡眠室、楼道等一些较为宽敞的地方，在幼儿活动的时候，不能保证教师可以立即发现并处理幼儿可能存在的安全隐患，并且在没有表演目标时，幼儿可能会在表演区进行玩耍、打闹，这些都有可能出现一定的安全问题，需要引起教师、保育员和家长注意和重视。

一、表演区易出现的安全问题及防护措施

表演区有适合表演的空间布置，有众多吸引幼儿的服装道具，还有繁忙的换场，热闹纷繁的排演等环节，表演区只有安排得当才能保证幼儿的表演安全。

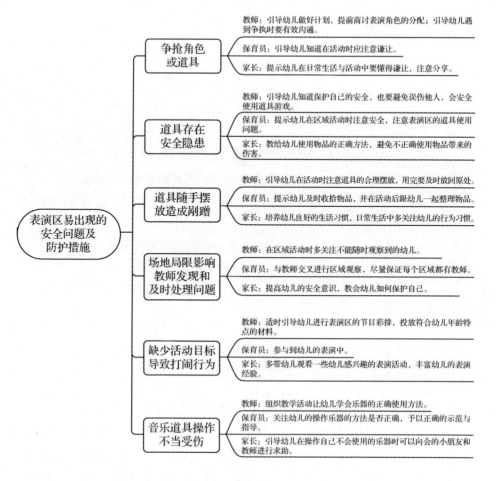

表演区易出现的安全问题及防护措施

争抢角色或道具
- 教师：引导幼儿做好计划，提前商讨表演角色的分配；引导幼儿遇到争执时要有效沟通。
- 保育员：引导幼儿知道在活动时应注意谦让。
- 家长：提示幼儿在日常生活与活动中要懂得谦让，注意分享。

道具存在安全隐患
- 教师：引导幼儿知道保护自己的安全，也要避免误伤他人，会安全使用道具游戏。
- 保育员：提示幼儿在区域活动时注意安全，注意表演区的道具使用问题。
- 家长：教给幼儿使用物品的正确方法，避免不正确使用物品带来的伤害。

道具随手摆放造成剐蹭
- 教师：引导幼儿在活动时注意道具的合理摆放，用完要及时放回原处。
- 保育员：提示幼儿及时收拾物品，并在活动后跟幼儿一起整理物品。
- 家长：培养幼儿良好的生活习惯，日常生活中多关注幼儿的行为习惯。

场地局限影响教师发现和及时处理问题
- 教师：在区域活动时多关注不能随时观察到的幼儿。
- 保育员：与教师交叉进行区域观察，尽量保证每个区域都有教师。
- 家长：提高幼儿的安全意识，教会幼儿如何保护自己。

缺少活动目标导致打闹行为
- 教师：适时引导幼儿进行表演区的节目彩排，投放符合幼儿年龄特点的材料。
- 保育员：参与到幼儿的表演中。
- 家长：多带幼儿观看一些幼儿感兴趣的表演活动，丰富幼儿的表演经验。

音乐道具操作不当受伤
- 教师：组织教学活动让幼儿学会乐器的正确使用方法。
- 保育员：关注幼儿的操作乐器的方法是否正确，予以正确的示范与指导。
- 家长：引导幼儿在操作自己不会使用的乐器时可以向会的小朋友和教师进行求助。

二、典型案例分析与解读

异常热闹的化妆间

------ 表演区里的安全问题

（一）案例描述

扬扬、又又和果果今天商量一起在表演区表演节目，最近他们迷上了《西游记》中的"三打白骨精"的故事，果果一进表演区便穿上了白骨精的白色纱裙，扬扬和又又却因为都想演孙悟空争抢金箍棒而吵了起来。两人都紧紧抓住金箍棒不撒手，又又想让扬扬松手，便一把将扬扬推开，扬扬撞到道具柜上。果果见了忙过来劝架："你俩石头剪刀布，谁赢了谁先当孙悟空，下次另一个人再当不就行了。"听了果果的建议两人便用石头剪刀布的方法决出了演出的角色。确定好了角色，三人便紧锣密鼓地排练了起来。果果尽情地投入演出，没有看见地上放着猪八戒的钉耙，不巧踩在上面，摔倒了，真疼啊！

（二）案例分析

在表演区幼儿会进行节奏表演、歌曲表演、舞蹈表演、故事表演、时装表演等不同形式的演出，教师会为幼儿提供许多游戏材料、道具等，为满足这些材料、道具的收纳需求还会配置相应的收纳柜，所以在表演区的活动中既有丰富的道具，又有热闹的人群，会存在诸多的不安全因素。

1. 表演区角色、道具争抢存在的安全问题。

表演区常见的纠纷就是扮演角色的争抢，如果演《西游记》，大家都会争抢拿那个代表主角的金箍棒，因为这个角色是全场关注的焦点，大多幼儿都希望引人注目，而角色的唯一性就造成了资源的稀缺和争抢。 表演区角色、道具争抢的很大原因是幼儿与同伴间的交往方式出现了问题，在幼儿争抢的过程中难免会出现一些推搡的动作，幼儿在推搡过程中难免会撞倒发生危险。

2. 表演区的空间设施等问题存在安全隐患。

表演游戏区通常狭小、设施摆放不当、结构不合理等问题成为造成儿童伤害的重要原因之一，儿童在追逐打闹的过程中欢蹦乱跳，极易摔倒和碰撞。 表演游戏区域空间不足、通道狭窄、表演区材料丰富，为满足收纳需求往往会配置乐器柜、道具柜、衣架等物品，这些物品质地坚硬，幼儿不小心撞到这些柜子就十分危险。 就像案例中又又在与扬扬争夺孙悟空的角色时，把扬扬推得撞在道具柜上。

3. 道具使用摆放杂乱，影响行动，发生剐碰等。

表演区会为幼儿提供许多游戏材料：电子电器类，如小音箱、话筒、优盘等；乐器类，如三角铁、撞钟、铃鼓等；服装类，如少数民族服装、角色扮演穿的服装等；道具类，如头饰、魔法棒、丝巾等。 电器、乐器、演出服、道具等这些物品材料种类繁杂，幼儿在游戏时会把材料都拿出来选用，不用时会杂乱摆在地上，如果没有及时收纳的好习惯，地上摆放的材料会形成障碍，影响幼儿的活动，造成绊倒等意外事故。

（三）出谋划策

综上所述，教师在组织表演区活动时，既要为幼儿创造机会和条件，支持幼儿自发的艺术表现和创造，又要为幼儿营造安全的游戏环境及氛围，

第二章·区域活动中的安全防护

让幼儿在活动中爱玩会玩，顺利游戏。

1. 引导幼儿有序演出，不争抢。

教师可以在区域点评时提出争抢角色及道具这一问题与幼儿讨论，共同思考在表演区出现争抢应如何解决。在支持幼儿思考的同时，帮助幼儿梳理总结争抢角色和道具的解决方法。教师在游戏前引导幼儿制订游戏计划，分工明确，可以避免争抢；也可以列出演员表，幼儿根据进区的先后自然选择扮演的游戏；当道具及服饰不够用时，为避免争抢，鼓励幼儿选择其他材料代替或与同伴进行协商，共同玩或轮流玩。有了方法的支持，表演区的争抢现象会越来越少，幼儿们也会越来越专注排练及演出，安全隐患也会随之降低。

2. 跟幼儿讨论在狭窄空间活动的注意事项，提高幼儿自我保护意识。

教师在设计活动区时保证有适宜的空间尺度、良好的视野、舒适的媒介和界面，有足够的活动缓冲和回旋余地，就能为幼儿的活动提供相应的回旋半径，避免幼儿因倒退及转弯余地小而摔跤或迎面相撞；如果表演区面积小，陈设多，要引导幼儿在排演的过程中注意安全，在空间狭窄的地方注意观察周围环境，躲避障碍物。

3. 共同讨论制定并遵守表演区区域规则。

讨论的过程也是安全教育的一种方式，幼儿相互沟通、交流、商讨最后达成一致，也是一种对于在表演区游戏安全的认识过程。教师与幼儿共同讨论表演区区域规则，按规则开展游戏活动。共同设计进区卡、节目单、座位牌等游戏材料引导幼儿有序游戏。尤其是针对在排演中道具乱放的问题进行讨论，养成用什么道具拿什么道具，用完后归回原位的好习惯，知道道具不能乱放，尤其是不能扔到地板上不管。

幼儿的安全防范意识不是一蹴而就的，我们要将安全教育活动常态化，在幼儿一日生活中时时处处有学习，时时刻刻有教育。重视一日生活中每时每刻的安全教育，时间长了我们便会发现幼儿的安全防范意识也会随之增长。

（北京市六一幼儿院　张　怡）

教育幼儿保护嗓子

幼儿生性活泼好动、思维较为活跃。 在表演区的幼儿情绪容易激动，在表演和歌唱时容易大声喊叫，教师应提示幼儿注意保护嗓子。

1. 正面引导幼儿轻声说话以保护嗓子。 在幼儿大声吵闹的时候，教师可以放低声音，幼儿想要听清教师说的内容就要保持安静，班内慢慢就会静下来，引导幼儿了解不是大声说话才能让别人听清楚你表达的内容。 教师和家长应当起到表率作用，有些教师或者家长认为大声说话可以震慑幼儿，其实他们更应该注重教育的方式方法，通过示范正常的语气、语调来表达自己的想法。

2. 通过比较，使幼儿学会调整音量。 教师和家长可以通过模仿幼儿唱歌和讲话时的情景，分别从正面（正确）与反面（不正确）的事例，鼓励幼儿判断哪些小朋友做得对、哪些小朋友做得不对，并讲明判断的理由。 通过判断对错，引导幼儿明辨是非，了解错误的做法不仅会给自己嗓子带来坏处，也会影响他人。 这样的讲解会让幼儿理解得更加深刻、记忆更加长久，对其今后的行为也能起到指导作用。

3. 选择的歌曲要符合幼儿的年龄特点。 在教幼儿歌曲时，要注意幼儿的年龄特点，选择歌曲的音调、音域要符合幼儿的声带特点。当幼儿喉咙不适时，应避免歌唱，直到恢复健康后再进行相应的活动。

4. 引导幼儿避免长时间说话，注意饮食，注意保暖。 在日常学习生活中，教师和家长都要注意，避免让幼儿长时间讲话，以免引起其声带疲劳；家长也要注意让幼儿少吃辛辣刺激的食物，尤其在幼儿长时间说话后，要尽量避免直接吃冷饮或是喝凉开水，防止幼儿的声带黏膜遭受局部刺激。 在冬天要注意保暖，尽量不穿领子过低的衣服，以防口腔、喉咙受凉，并且要随着天气的变化适当地增减衣服。

第二章 · 区域活动中的安全防护

第三章

户外体育活动中的安全防护

【安全目标】

1. 运动中有安全意识和保育意识，了解幼儿在运动中可能会遇到的危险因素，并且做好相应的准备工作。

2. 设计科学合理的活动，保障幼儿快乐地运动。

3. 充分做好准备活动，唤醒幼儿机体的兴奋度，保障活动顺利进行。

4. 能够开展严谨周密的活动组织工作，运动项目符合幼儿发展水平，注意场地、服装、器械等的使用安全。

5. 引导幼儿学习户外活动中自我保护的方法，注意幼儿自我保护的能力和规则意识的培养。

户外体育活动是幼儿一日生活的重要组成部分，是在户外开展的、以提供丰富多样的运动器械及项目，来满足幼儿运动需要的体育活动。《3—6 岁儿童学习与发展指南》中指出：幼儿每天的户外活动时间一般不少于 2 小时，其中体育活动时间不少于 1 小时；气温过高或过低的季节或地区应因地制宜，选择温度适当的时间段开展户外活动，也可根据气温的变化和幼儿的个体差异，适当增减活动的时间。 户外体育活动一般由三部分组成，操节的唤醒活动、教师组织的集体教育活动和幼儿自由游戏，占用时间比例是 1：1：2。

第一节　操节活动中的安全防护

操节是幼儿户外体育活动的重要内容，是促进幼儿动作发展、提高幼儿身体素质的重要途径，也是培养儿童养成良好的锻炼习惯的有效方法。通过合理的方式组织幼儿开展操节活动，能够有效地利用户外活动场地，最大程度地促进幼儿身体健康发展。同时操节活动以其灵活多样的形式及丰富多彩的内容被众多幼儿园采用。但由于幼儿具有年龄小、体质弱的特点，因此在组织操节活动时，教师要时刻关注在高温天气和低温天气下幼儿的身体状况，以防出现中暑和冻伤的情况。此外，由于幼儿活泼好动的天性，所以幼儿在手持器械做操时易出现打闹的情况，造成意外伤害。

一、操节活动中易出现的安全问题及防护措施

操节的合理组织和器械的正确使用是幼儿操节活动顺利进行的重要前提。同时教师也要选择适宜的天气举行操节活动，保障幼儿的健康。

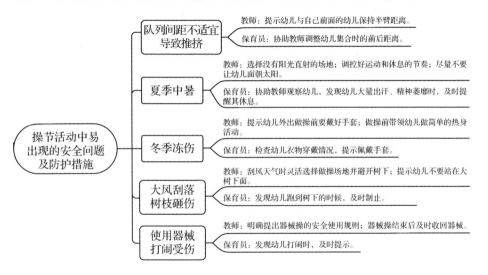

二、典型案例分析与解读

1. 被挤扁的糖葫芦

------ 幼儿在操节活动中保持安全距离

（一）案例描述

户外做操时间到了，我组织幼儿们排成两队到操场上准备做操，我对着所有幼儿念起了糖葫芦的儿歌："糖葫芦甜，糖葫芦酸，我把糖葫芦穿两串，男孩子穿一串，女孩子穿一串，快快过来连成串。"幼儿们听到儿歌后，赶紧往前跑。不一会儿，我就听到队伍里有争吵的声音，走过去一看，原来是宁宁和丁丁在相互推来推去。宁宁站在丁丁的前面，只见他回过头，

两只手用力地把丁丁往后推，边推边说："讨厌，你别挤我啦！"丁丁根本不听，小身体还是用力地往前挤。看见我走过来，宁宁连忙委屈地哭着对我说："刘老师，丁丁一直在后面挤我，我都没位置了。"这时丁丁连忙说："不是我非要挤他的，是后面的小朋友推我的。"这时，我看见两列队伍的幼儿一个一个都贴在一起。于是我对所有幼儿说："大家快看看，你们穿的糖葫芦全部挤在一起，都被挤扁了。你们觉得扁扁的糖葫芦好看吗？"幼儿们一致摇头说："不好看。"这时我又问他们："你们想不想把糖葫芦穿得又圆又长呢？"幼儿们又异口同声地说："想！"我微笑着说："那好，请所有被挤扁的糖葫芦抬起你们的两只胳膊，与你前面的小朋友保持半臂间隔的距离，如果觉得挤，大家就往后退一步。"幼儿们听了我的指令后就抬起双臂，自动调整了距离。这时候，我问他们："你们现在看看糖葫芦变圆了吗？"幼儿们笑着说："糖葫芦变圆啦。"还有一个幼儿说："小队伍也变长了。"于是，大家排成了两列整齐的队伍。

而在做操的过程中，我发现有玉玉和欢欢你一下、我一下地互打着对方，并且看上去情绪越来越不好。于是我赶紧上前询问："你俩怎么了？为什么不做操？"玉玉说："他打我，我明明在好好地做操，他就打我。"欢欢见状说："我不是故意的，我只是不小心碰到他了，他就打我。"听完我对他们说："好了，老师明白了。"随后我组织全体幼儿重新调整了队伍的间距，之后幼儿们再也没有发生过矛盾。

（二）案例分析

排队是操节活动中最常见的集合方式，因为排队发生争吵和矛盾的情况也是屡见不鲜，幼儿在争抢排队位置的时候被绊倒、推挤的情况也时有发生。

1. 队列中幼儿距离控制不当，是发生危险的主要原因。

随着幼儿社会性发展的水平不断提高，其规则意识也逐渐形成。因此很多幼儿对"谁在谁前面"等问题十分敏感，但又因为幼儿是以自我为中心的，因此其在排队时无法做到眼中有他人，常常出现"走着走着就走到了别人的队伍里或者落队"等情况，此时幼儿便极易出现同伴间推挤、打闹、摔倒等情况，诱发安全事故。

2. 做操队伍间距不当，易促使幼儿之间发生肢体冲突。

在做操时，队伍间距过小会存在幼儿动作施展不开的问题，同时也会导致幼儿参与做操的积极性降低而产生消极情绪。同时根据幼儿心理年龄发展特点，当被其他幼儿不小心碰到时，常常会认为这是故意伤害，并在没有掌握正确的表达方法时通常会用回打等不当方式解决问题。只有彼此之间保持一定的距离，幼儿才能在进行摆臂、扩胸、转体等动作时不会碰到周围的幼儿。

（三）出谋划策

在操节活动中，幼儿会因为队伍间距不当而发生各类矛盾。因此教师会频繁地组织幼儿排队，为了提高排队效率，减少幼儿在排队过程中发生危险的可能性，教师要重视幼儿排队习惯的养成。

1. 用游戏化的语言规范幼儿排队的安全距离。

为了提高排队的趣味性，教师可以通过《穿糖葫芦》儿歌把单调的排队变成有趣的穿糖葫芦游戏。而且我们还发现，将儿歌的"快快过来连成串"改为"看看哪串长又圆"，幼儿在排队的时候更容易保持前后的距离。也就是"糖葫芦甜，糖葫芦酸，我把糖葫芦穿成串，男孩子穿一串，女孩子穿一串，看看哪串长又圆"，在儿歌中就提示了孩子们在排队时要保持一定的距离，不能拥挤。

2. 当教师组织幼儿排成纵队时，一定要考虑到每个幼儿前后之间的距离。

教师可以运用游戏化语言或者儿歌的形式，提醒幼儿与前面的幼儿保持半臂的距离，避免因相互推挤而引发的同伴冲突，造成不必要的伤害。在实际活动中教师可以引导幼儿手臂前平举，再把前臂叠放在胸前，拉开与前面幼儿的距离，也可以把双手放在前面幼儿的肩上，再伸直手臂，保持前后距离。

3. 教会幼儿在遇到排队拥挤的情况时的处理方法。

教师要教会幼儿使用礼貌用语与同伴进行沟通，在排队的时候，遇到自己与前面幼儿距离太近的情况时，可以对身后的幼儿说："请你向后退一点。"或者去队伍后面排队。

4. 需要幼儿分散开的操节中，教师要引导幼儿找到自己的个人区域。

可以通过"直升飞机转转转"，即幼儿手臂侧平举原地左右转体，来划定自己的个人区域，当手臂有碰到周围同伴的情况时，要及时调整自己的位置。只要在这个环节幼儿相互之间手臂不碰到，就可以避免热身时碰到其他幼儿的情况。

（北京市六一幼儿院　刘玉忠）

2. 器械不是"武器"

——幼儿园器械操活动中的安全思考

（一）案例描述

户外音乐响起，幼儿们兴高采烈地排队做大家最喜欢的旗操，做到一半时，队伍末尾处突然乱了起来，我赶忙过去查看，发现毛毛和闹闹扭打在了一起。我连忙把他们拉开，询问他们为什么动起手了。毛毛说："闹闹总是用他的小旗子打我，打了我好几次，我才打他的，而且他还把我的手划破了。"我问闹闹："是这样吗？"闹闹低着头说："我昨天看了动画片，我觉得我的旗子是最厉害的，可以打败所有人，我在跟他闹着玩呢，毛毛的手不是我划破的。"我检查了两个幼儿的身体情况后发现，两人只有胳膊上有些红，而毛毛的手是被器械上的毛刺划伤的。

（二）案例分析

操节活动是幼儿园每天必不可少的户外运动，而器械操则是幼儿非常喜欢的运动之一。当幼儿拿着器械道具时，手中的器械就成了可能对幼儿安全产生威胁的材料。

1. 幼儿易把器械当作"武器"，危及自身与同伴的安全。

在幼儿想象发展的过程中，想象的产生常是由外界刺激物直接引起的。而想象是利用已有经验对记忆表象进行加工改造，在头脑中形成事物的新形象的心理过程。① 当幼儿拿到旗子当作道具时，常常会结合生活经验将其想象成"金箍棒""棍子"等物品，并把自己想象成"孙悟空""武松"等人物。同时结合幼儿心理年龄的发展，他们事先预料到结果的能力较弱，因此当其拿旗子与同伴打闹时，不能预想到该行为所存在的危险。

2. 教师对器械材料检查不当造成的幼儿受伤。

玩具及各种材料是幼儿学习探索的重要途径，同时也是与其接触最多的物品之一。因为幼儿的皮肤娇嫩、自我保护能力较差，极易出现被玩具划伤等危险情况。在案例中，教师并没有在活动前对器械材料进行检查，使得木棍上的毛刺划伤幼儿手指发生危险。

3. 教师组织操节活动时对幼儿的不当行为干预不及时而发生冲突升级。

本案例发生的打闹是在两个幼儿动手后，教师才发现并介入的。教师

---

① 参见曾宪文：《美育词典》，19 页，济南，济南出版社，1990。

没发现前期闹闹用旗子打毛毛，导致矛盾升级，发生肢体冲突。

（三）出谋划策

由于幼儿缺乏使用器械做操的经验，因此其很少能意识到身边危险的存在。所以教师应该从操节设计、组织到现场指导进行多方面的精细管理，保障器械的使用安全。

1. 选择符合幼儿特点的器械。

大班幼儿精细动作发展较好，肌肉力量较强，可以用小旗、椅子操等；小班幼儿动作协调性差，适合规格大、形状圆润的器械，满足幼儿抓握牢靠、容易操作的特点。

总之，幼儿器械操的器械选择应该本着轻量化、无锐角、结构简单等特点，尽量使用软质塑料或有海绵进行包裹的材质。轻量化减少幼儿手臂的负担，保证器械是没有锋利的边或者锐角的，器械尽量采用一体成型的组织结构，避免小零件的脱落导致幼儿误食等情况的发生，保障幼儿在使用过程中的安全。

2. 教师在进行器械操活动前要检查器械。

由于玩具材料是支撑幼儿学习、探索的媒介，同时又是幼儿十分感兴趣的物品，因此教师应当时刻关注材料质量是否对幼儿的安全存在隐患。保育员应当定期检查各种玩具材料的质量，发现损坏物品及时处理，并及时向班级教师反馈情况。

3. 教师应事先向幼儿介绍器械的使用要求，帮助幼儿正确使用器械。

幼儿在取放器械时容易出现拥挤、抢夺自己中意的器械的情况，所以教师在幼儿拿取器械时应提出明确的要求，有秩序收放器械，避免无序混乱状态。

在做操开始前，教师应当提示幼儿在使用器械时需要注意的安全问题，如管好自己的器械、学会正确的使用方法等。

4. 教师时刻关注幼儿的状况，及时发现问题及时干预。

教师应当在做操的过程中时刻注意幼儿的行为，当幼儿情绪高涨、兴奋、尝试用错误方式干扰其他小朋友时，教师应当及时予以干预，以防器械材料成为幼儿表达情绪的道具而造成伤害。

（北京市六一幼儿院　于光杰）

第二节　户外集体游戏中的安全防护

为了达到户外集体游戏的活动目标，同时保障幼儿的运动安全，教师应当做好活动设计、活动准备、活动组织三方面的工作。

户外活动的设计决定了活动的过程，教师一定要对幼儿在运动中可能会遇到的危险因素有所了解，在活动设计上进行优化。 比如：活动中的运动量和游戏难度，要符合幼儿的发展水平；在场地选择上，要充分考虑到游戏的玩法避免摔伤；根据活动的类型和活动的不同环节，选择不同的音乐避免分散幼儿注意力等。

户外体育活动的顺利开展离不开活动前的细致准备，包括检查场地、穿戴服装、热身活动、集合形式、介绍游戏内容和活动规则及准备玩教具等，这些都属于必不可少的准备工作。 做好准备工作能够避免很多安全事故的发生。 例如，检查玩具是否有破损，以防划伤幼儿的手；准备数量充足的玩具，以防幼儿争抢发生意外；带领幼儿做好运动前的热身活动，以防运动损伤等，这些都是通过充分、科学的准备来避免发生危险的。

教师在组织户外体育活动的时候，需要考虑多方面的因素，根据活动场地、幼儿人数、季节特点等情况来合理安排体育活动时间、内容、形式等诸要素，只有科学合理安排活动进程，才能保证幼儿得到有效的锻炼和发展；只有充分考虑到体育活动中的多方面因素，才能做到防患于未然。

一、户外集体游戏中易出现的安全问题及防护措施

户外集体游戏具有幼儿人数多，活动量大，活动启动后不易控制的特点，幼儿需要遵守规则和口令活动，教师的指导语很重要。 教师在启动户外集体游戏前要有充分的安全考量，活动前进行安全提示并提供相应的保护措施。

户外集体游戏中易出现的安全问题及防护措施

- **运动强度超标造成伤害**
  - 教师：根据幼儿的年龄特点和发展水平合理设置游戏强度。
  - 保育员：协助教师进行安全保护，指导幼儿按照正确的动作要领进行游戏。

- **活动难度过高导致受伤**
  - 教师：根据幼儿的运动能力设置游戏难度；游戏一开始以练习性活动为主，幼儿动作熟练后再开展竞赛类游戏。
  - 保育员：要在重点位置做好一对一的提示和保护。

- **足球活动受伤**
  - 教师：遵守足球规则，不设置守门员，幼儿不能用手抱球。
  - 保育员：协助维持场下幼儿的观赛秩序，提示准备上场的幼儿换好衣服、及时喝水。

- **无核口哨影响听力发育**
  - 教师：选择有核口哨，有条件的可以选择儿童口哨。
  - 保育员：尽量佩戴口哨，方便在紧急情况下提示幼儿。

- **教师未关注到全体幼儿形成隐患**
  - 教师：组织幼儿集合，排好队伍后再转移场地，转弯或有遮挡物时控制行进速度。
  - 保育员：走在队伍最后面，与教师分别照顾队伍头尾，关注全体幼儿。

- **热身程度不够**
  - 教师：按照运动强度由小到大的顺序合理安排热身内容；提示幼儿观察教师的动作。
  - 保育员：帮助个别幼儿调整站位，提示幼儿跟上教师的热身节奏和动作幅度。

- **幼儿站在教师身后被撞到**
  - 教师：明确告知幼儿不能站在教师背后；注意身后情况，避免意外发生。
  - 保育员：留心观察幼儿站位，发现幼儿站在教师背后要及时提示幼儿更换位置。

- **幼儿快速跑向教师集合相撞**
  - 教师：避免催促幼儿快速集合；在幼儿跑近集合点时，提示幼儿减慢速度。
  - 保育员：提醒幼儿减慢速度，保持前后距离。

- **循环游戏路线交叉发生碰撞**
  - 教师：用环形路线代替折返路线；采用接力方式使用折返路线；提示幼儿放慢速度。
  - 保育员：重点关注折返点和交叉点。

- **追逐跑发生碰撞**
  - 教师：提示幼儿追逐游戏中要留意周围的环境，及时避开障碍和其他幼儿。
  - 保育员：要随时留意幼儿的游戏情况，及时进行个别提示。

- **投掷游戏受伤**
  - 教师：选择较大的场地，提醒幼儿注意保持距离。
  - 保育员：关注幼儿之间的距离，发现有扎堆的幼儿，及时提示。

- **不清楚游戏规则发生意外**
  - 教师：介绍规则时条理清晰、重点突出；用关键词归纳规则要点。
  - 保育员：提示幼儿认真听教师介绍规则。

- **错误理解教师的指导语**
  - 教师：在幼儿做不熟悉游戏时，教师的安全提示要做到具体形象。
  - 保育员：提示语言要与教师的保持一致，方便幼儿理解和记忆。

二、典型案例分析与解读

赶走金枪鱼
——意外情况应对

（一）案例描述

　　户外游戏时间到了，张老师和我带领幼儿们一起玩起了赶走金枪鱼的游戏。张老师扮演金鱼爸爸，幼儿们扮演金鱼宝宝，他们一起在蓝色的大海里游来游去找食物吃，我扮演大海里一条特别凶恶的金枪鱼，专门在大海里抓小鱼当作食物。游戏时，当小金鱼们自己游出来找食物时，我就快速地跑过去抓他们。他们就四散跑开，当小金鱼们和鱼爸爸一起出动时，他们就组合成一条大鱼来赶走我。幼儿们特别喜欢这个游戏，玩得特别高兴，尤其喜欢赶走金枪鱼的这个环节。也就是在这个环节，当鱼爸爸带着鱼宝宝们一起跑过来抓我时，我赶紧躲开，就在这时，机灵的强强趁我不注意躲到我后面，一把抱住了我的大腿，然后大声地朝着其他幼儿说："抓到金枪鱼啦，大家快过来，别让它跑了！"幼儿们看到我被抓住的样子，高兴坏了，一个个都快速跑过来把我抱住使劲摇晃着。我尽量维持平衡，同时赶紧对金鱼爸爸做了一个手势，张老师立即制止了正在奔向我的幼儿们，对他们说："鱼宝宝们，那边好像又出现一条新的金枪鱼，快跟我游过去看看。"于是剩下的幼儿就跟着张老师跑走了。我长长地舒了一口气，幸好幼儿们没有都跑过来，不然，我会失去平衡摔倒。在玩过几次游戏之后，我邀请辰辰来扮演金枪鱼，他是班里跑得最快的孩子，有一次他去抓小鱼的时候，扮演小鱼的幼儿们一看见他跑过来了都四散跑开，辰辰朝着聚在一起的几个幼儿跑了过去，只见他们有的想往左跑，有的想往右跑，有的想往前跑，但是他们挨得太近了，都来不及躲闪撞到了一起，摔倒了。

（二）案例分析

　　追逐跑是幼儿非常喜欢的游戏活动，也是体育活动中安全事故多发的游戏活动，在参与幼儿人数较多的时候，很容易出现多人聚集在一起跑的情况，稍不注意就会出现碰撞和摔倒，而且游戏中幼儿进行急停、急转向时也很容易发生意外情况。教师在组织追逐跑游戏时，一定要做好活动设计和组织，谨防幼儿受伤。

　　1. 在幼儿追逐教师的活动中，一旦教师被多名幼儿抓住并摇晃，很容易发生教师摔倒并压倒幼儿的情况。

　　在赶走金枪鱼的游戏中，幼儿通常是用手抓教师的衣服，但是案例中教师被幼儿抱住了大腿，由于幼儿在游戏中情绪高涨，看到教师被抓到后会一股脑地聚集过来摇晃教师。这个时候教师很难控制站立平衡，一旦摔倒就会压倒身边的幼儿，造成一定的伤害。

2. 幼儿在追逐跑时，因距离过近或者急转向而容易发生碰撞和摔倒。

由于集体游戏参与人数较多，根据幼儿年龄发展特点，其控制能力较差，因此幼儿在一起跑的时候很难始终保持安全距离。当多名幼儿距离太近时，很容易发生多名幼儿相撞的情况。

（三）出谋划策

教师在设计体育活动的时候应考虑到活动中可能出现的安全隐患，并在组织体育游戏的时候提前予以规避。

1. 教师应当掌握各类要点，并准确组织幼儿参与活动。

教师在组织追逐类的游戏时，如果教师是被抓的角色，在奔跑过程中一定要控制好跑的速度和方向，避免被众多幼儿同时抓住，如果躲闪不及，被多名幼儿同时抓住时，可以采用蹲下来的方式保持自身的平衡，避免摔倒。

2. 教师应当用幼儿听得懂的语言进行指导。

在追逐游戏中，教师在游戏开始之前必须明确游戏规则。当有一个幼儿抓住金枪鱼时，代表鱼宝宝们已经胜利了，其他的幼儿就不能再追过来了，我们就可以开始新一轮的游戏。

3. 教师之间默契配合，为幼儿创设安全的游戏环境。

在追逐游戏中，保育员也要协助教师组织游戏，教师的站位十分重要，应当使所有幼儿都在教师的视线中。当发现多位幼儿围着教师时，要及时分开围在一起的幼儿，使得幼儿平均分配在场地内，避免扎堆引发矛盾冲突。

4. 利用场景模拟，让幼儿直观感受意外事故。

幼儿的年龄特点决定了他们对语言表述的安全提示不够敏感，对于比较重要的提示，教师可以通过有保护的场景模拟，让幼儿直观看到安全事故可能造成的可怕后果。比如，在这个案例故事中，教师就可以使用场景模拟，演示教师摔倒压倒身边幼儿的场景，以及几个幼儿在跑步时因挨得太近导致转弯的时候一起摔倒的场景。幼儿描述场景并表达看到这个场景时的感受，以此来加深他们对安全提示的理解。

（北京市六一幼儿院 刘玉忠）

户外活动安全提示

1. 教师在组织户外活动时尽量使用口哨，教师自身说话声音有大有小，但是所有教师都可以用哨子吹出响亮的声音，在户外嘈杂的声音中，人的说话声音容易被掩盖，口哨的声音很容易被分辨出来。教师在使用口哨的时候，要练习用舌尖抵住吹口，通过舌尖移开吹口吹出声音响亮、节奏清晰的哨声。教师要使用固定哨声指令。比如，一声短音表示开始，一短一长表示集合，两声短音表示注意安全，方便幼儿听到哨声立刻就能判断哨声的含义。

2. 教师在介绍规则、示范动作及总结时，要通过改变幼儿队形和调整师幼距离，尽量保证所有幼儿都能听清楚教师的语言，看清楚教师的动作。教师可以根据幼儿人数和场地条件，灵活采用一排横队、两排面对面的横队、围成圆圈、分散站等形式。

3. 在体育活动中，教师提供的安全保护是非常有必要的，而且教师也应当根据幼儿不同的能力水平采取不同的保护措施。在制定活动目标时，确定游戏难度的参照标准是多数幼儿的运动能力，但是幼儿是有个体差异的，运动能力较弱的幼儿在参与游戏时，面对的就是高于自身能力的游戏难度，如果教师没有提供必要的安全保护，运动能力弱的幼儿容易出现畏缩或受伤的情况。教师要根据幼儿参与活动时的表现提供不同层次的安全保护。比如，有些幼儿刚开始走平衡木时，很难维持平衡，教师可以扶着幼儿，随着幼儿能力的提高，教师可由保护变为让幼儿抓住教师的手，之后变为教师的手始终放在幼儿手下面而不接触，最后撤去教师保护。

4. 教师要在日常活动中积累经验，针对可能出现的意外情况，优化游戏规则。在体育活动中，可能会出现幼儿离开游戏场地、幼儿争抢玩教具、因为鞋带松脱而摔倒、幼儿在追逐中相撞等各种情况，教师要注意积累教育经验，并提前思考应对策略，只有这样才能做到心中有数。以幼儿在游戏中跑出游戏区域的情况为例，教师在知道了这种情况可能会在自己的活动中出现以后，就要在活动设计阶段思考应对策略。 在游戏前明确告知幼儿游戏区域，使用现成的标志线作为游戏区域的边界，或用锥桶将游戏区域围起来，方便幼儿掌握游戏区域的大小；在游戏过程中，教师应在游戏规则中确定一个明确的提示信号，如两个短哨声，提示幼儿"请回到游戏场地"。

5. 重要信息用关键词进行提醒。 在幼儿不熟悉游戏时，教师的安全提示要做到具体形象，如用语言提示要尽量具体，如"抓紧绳子""扶好栏杆"等。 关键词的好处在于简短，意思明确，方便幼儿记忆，便于教师在紧急情况下快速提醒。

6. 对于非常重要的规则或者玩法，可以在游戏前做出示范。 活动中的很多意外情况是由于游戏规则太多或者玩法过于复杂，针对这一情况，在正式开始之前，教师可以邀请几个幼儿提前体验游戏玩法，其他幼儿在观看的过程中对游戏玩法就有了直观的了解。

（刘玉忠）

第三节　户外分散游戏中的安全防护

户外分散游戏是户外体育活动中时长最长的一个环节，为了提升幼儿参与分散游戏的积极性和自主性，提高分散游戏的成效，教师要为幼儿提供丰富多样的游戏材料，给予幼儿自主选择游戏材料，创设游戏情景的机会。 游戏前，教师应当与幼儿共同探索材料的属性和多种玩法；游戏期间，教师要做好游戏观察和记录，在幼儿需要帮助时，给予适宜的指导，并鼓励幼儿自主解决问题。 如果说集体游戏是教师主导的游戏，那么分散游戏就是幼儿主导的游戏，也正是由于这样，游戏会更加丰富、多样，不确定性和危险因素也会增加。 比如，幼儿在选择玩具的时候也会发生争抢玩具的情况，甚至出现争抢和打闹；幼儿在游戏的过程中，由于其喜欢探索和创新的特点，在游戏中容易出现危险性尝试、幼儿之间相互打闹等；而且这期间幼儿分散范围比较大，为了时刻关注到所有幼儿的游戏情况，这对教师的站位和游戏观察能力也提出了更高的要求。

一、户外分散游戏中易出现的安全问题及防护措施

在户外分散游戏中，幼儿自由自主玩得很兴奋，这时教师的责任也更重大。教师要时刻关注场地安全、活动安全，及时指导幼儿发展大肌肉动作，为幼儿讲解游戏玩法及示范动作，纠正个别幼儿的危险性行为，并在幼儿有需要时提供帮助。

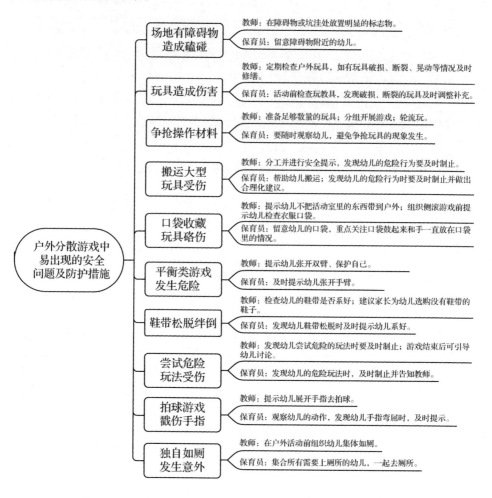

二、典型案例分析与解读

小鱼的"绝技"

——足球游戏中对危险动作的思考

（一）案例描述

足球游戏过程中，幼儿小鱼做出了一个让我惊讶的动作，他带球向前

跑，跑着跑着两只脚跳起来站在了足球上，保持了几秒，然后身子一歪，一屁股摔在了球场上，好在球场地面比较软，幼儿并无大碍。看得出来他不是第一次做这个动作了，双脚踩在球上，身体左右晃动保持平衡，是有很大难度的。他做这个动作的同时引发了周围幼儿的围观。看得出来其他幼儿都觉得这个动作很新鲜，虽然看到小鱼摔了一跤，但是有的幼儿觉得很有趣，已经开始跃跃欲试地要模仿他的动作了。在检查小鱼的身体并无出现受伤的情况后，我问小鱼是在哪里学到的这个动作，他说是在电视上看到的，觉得很好玩。我对小鱼说："你这个动作难度太高了，你的两只脚都踩在球上，对身体的平衡能力要求非常高，都快赶上杂技演员了。这个动作还是很危险的，老师之前就尝试过，结果扭了脚，好几个星期才痊愈。你之前做的时候肯定摔过跤吧？"小鱼点了点头，我继续说："足球场上有很多高难度的动作，有些很危险，只适合专业的足球运动员做。比如，你做的这个踩球动作，稍不注意就有可能摔倒，或者扭伤脚踝。其他小朋友要是也学你，那就会有很多小朋友受伤了，你说对吗？"小鱼听了以后认真地点了点头。我接着说："你踢足球非常厉害，我们可以试试其他的带球方法，避免这样危险的动作，小朋友要学会保护自己，受了伤就没办法游戏了。"小鱼听从了我的建议，在游戏中不做这种危险的动作，我也为其他幼儿讲解了这个动作的危险性，及时避免了受伤事件的发生。

（二）案例分析

足球游戏中孩子们总是充满创造性的，会创新出很多玩法，但有些玩法是有危险性的，幼儿无法提前认识到危险的存在，教师要在不扼杀幼儿创造力的同时，引导幼儿进行安全游戏。

1. 幼儿在游戏过程中使用危险玩法。

足球游戏中会用到很多游戏器材，如足球、标志碟①、绳梯②、小锥桶③、打气筒等。幼儿对游戏器材总是充满兴趣，同样一个标志碟在成人

---

① 标志碟，足球训练用器材，主要作为标志物用于开展足球游戏，塑料制品，圆形，直径20厘米左右，分多种颜色。

② 绳梯，足球训练用器材，主要作为训练步伐使用，由塑料片和尼龙绳组成，长度可调，平铺于地面使用。

③ 小锥桶，足球训练用器材，主要作为标志物用于开展足球游戏，塑料制品，偏硬，高30～50厘米，分多种颜色，形状类似于停车场用的标志桶。

眼中可能只是一个器材，但是在孩子眼中就可能变成一顶"小帽子"，一个"飞盘"，一个"大碗"，这是孩子的天性。有些器材在正常的游戏状态下是没有危险的，但是当幼儿把它们当作"玩具"时就容易发生危险，像小鱼这样把足球当作"平衡车"容易造成摔伤，有的幼儿把标志碟当作"飞盘"容易划伤幼儿的面部，有的幼儿把锥桶当作"拳击手套"，可能对幼儿造成伤害。

2. 幼儿间模仿危险玩法。

善于模仿是幼儿的本能，但幼儿的安全意识还未健全，很多时候无法判断游戏方式的安全与否，觉得好玩就去做了。当有的幼儿尝试用一种新的玩法进行游戏时会引起其他幼儿进行模仿，他们经常没有意识到这种玩法会带来的危险。这样的情况是相当危险的，从一名幼儿扩散到很多幼儿，出现受伤的概率就大大增加了。

3. 幼儿展示自己的独特而引发危险。

幼儿在游戏中为了展示自己的独特和与众不同，进行一些危险动作，像案例中的小鱼，展示其他幼儿不会的技巧，也是一种炫耀。但是在向他人展示的时候过度兴奋，其中往往充满危险，很可能造成伤害。

（三）出谋划策

游戏是幼儿的基本活动，但是他们对体育技能类的游戏缺乏相应的经验，同时自身判断能力和自制能力较差。此案例中，足球游戏的玩法与安全性出现了矛盾。教师在组织幼儿开展足球游戏时，应更多关注幼儿游戏的过程，一旦出现危险玩法应及时制止并加以正确的引导，为幼儿的安全游戏保驾护航。

1. 游戏前引导幼儿正确认识足球器材。

足球游戏的器材很丰富，幼儿对陌生的器材也更感兴趣，游戏前教师可以引导幼儿认识这些装备，告诉幼儿这些是做什么用的，应该怎样使用它们，使用过程中容易发生哪些危险等。

教师还可以在游戏前组织幼儿观看足球训练的视频，看看足球运动员是如何利用这些装备来训练的，引导幼儿在游戏中正确使用足球装备。在游戏前给予幼儿正确的认知，教师提出明确的要求和规则，帮助幼儿养成规则意识，增强幼儿在游戏中的安全意识，为后续游戏的开展做好准备。

2. 游戏中及时指导幼儿选择安全的玩法。

游戏中的器材都是经过教师选择和安全处理过的，但是危险的玩法也能让这些相对安全的器材造成伤害。 游戏前教师要对幼儿有基本的了解，包括参与游戏的人数，男女孩比例，等等，根据幼儿数量配备相应数量的器材，对哪些幼儿比较活泼，哪些幼儿点子更多，哪些幼儿容易进行危险游戏等信息教师要做到心中有数，发现问题及时引导和制止，也避免其他幼儿模仿，造成更大的安全问题。

3. 鼓励幼儿在保证安全的前提下进行游戏创新。

保证幼儿安全游戏的同时，也要注意鼓励幼儿进行游戏创新。 游戏创新不代表危险游戏，两者并不矛盾。 游戏时教师可以给予幼儿创新玩法的时间，在这个时间段教师集中观察幼儿游戏，出现危险游戏及时制止并进行游戏玩法的引导以及安全教育。 在保证游戏安全的前提下，鼓励游戏创新，幼儿也需要自主探索的空间，教师要在安全游戏和游戏创新之间找到平衡点。

（北京市六一幼儿院　于光杰）

安全小贴士 >>>>>>>

1. 教师在设计户外体育活动时，要根据幼儿的发展水平和游戏的玩法选择活动场地。 新游戏、有难度的游戏在幼儿熟悉的、平坦、安全的场地上进行。 随着幼儿能力的提高，再迁移到复杂场地开展，既丰富活动的玩法，又保障了幼儿的安全。

2. 给幼儿选择手套的时候，尽量选择五指分开的手套，方便幼儿运动的时候抓紧护栏等安全设施。

第四节　户外交通体验活动中的安全防护

交通游戏是幼儿园特有的体验交通规则、强化交通安全意识、提高幼儿自我保护能力的教育体验活动。 交通游戏通过在幼儿园设置室内外游戏活动区，提供交通设施及交通工具、游戏道具模拟真实的交通环境，促进幼儿养成良好的交通安全行为习惯。 这个活动的特点是让环境成为幼儿的第二任教师，充分发挥环境的安全教育作用。

一、户外交通体验活动中易出现的安全问题及防护措施

幼儿在交通游戏中，通过扮演多种角色，亲身体验和感受多种多样的交通情景，增强遵守交通法规的意识。但是在游戏活动中，由于幼儿缺乏交通经验和技能，也会出现一些安全方面的问题，需要教育者的关注。

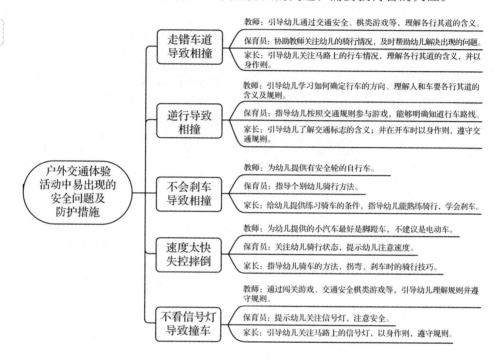

二、典型案例分析与解读

小游戏，大作用

------交通安全教育的实践

（一）案例描述

幼儿们玩快递员送货的游戏。睿睿说："我会骑自行车，我用自行车去送货。"他从停车场推出一辆四轮自行车，把货物放在车筐里，蹬上自行车就出发了。睿睿沿着非机动车道骑行着，前面遇到了红灯，睿睿骑得太快了，一下子没有停住，拐到旁边的机动车道上了，这时轩轩正开着小汽车停下来等红灯，睿睿的车一下子就撞到了轩轩的车上，睿睿没站住摔倒了。小交警安安跑过来扶起睿睿问："出了什么事？"轩轩抢着说："我停着等红绿灯呢，睿睿撞了我，他就摔了。"睿睿点点头说："我看到红灯了，但是没停住就撞上了。"安安问："你为什么没停住啊，是不是骑得太

快了？你可以刹车啊。"睿睿有点儿不好意思地说："是骑得有点儿快，我会骑这种自行车，但是我不太会刹车。""我来告诉你吧，刹车很容易的，你看这儿，"轩轩指着车把两边的闸线说，"你想刹车用手捏这里就行了，你试试。"睿睿听后用手试着捏了捏闸线，安安接着说："你也可以骑得慢一点儿，这样就不会撞到了。"睿睿点点头说："我一会儿要骑慢一点儿，我回家还得再练练刹车。"安安说："一定要注意安全哦。"这时正好绿灯亮了，睿睿、轩轩又出发了。

珺珺和朵朵也来到交通基地玩，珺珺对朵朵说："我今天不想开车了，咱们去搭出租车吧。"朵朵回应说："好啊，那边有个出租车站，咱们到那儿去等车吧。"说完两个小伙伴就手拉手向车站走去。这时绿灯闪过，红灯亮起，珺珺和朵朵正走到马路边，朵朵看到红灯拉了一下旁边的珺珺说："看，红灯亮了，得等绿灯才能走。"珺珺抬起头看了看红灯，又看了看路口说："现在没有车，就过去吧，没事。"朵朵拉着珺珺说："不行，红灯不能走，要是来车了多危险。"正说着，琪琪开着小车通过路口。朵朵说："你看，多危险，要是过了一定会被车撞到的。"珺珺点点头说："嗯，没想到会过来车。"朵朵说："老师说过马路一定不能闯红灯，要不然会发生危险的。"珺珺说："好吧，我知道了，下次我一定不闯了。"绿灯亮起，两个小伙伴拉着手通过人行道向出租车站走去。

（二）案例分析

交通基地游戏是幼儿非常乐于参与的活动。通过参与交通游戏，大部分幼儿已经认识简单的交通标志以及标线，包括"禁止行人通过""车行道""便道""人行横道"等，并了解它们的含义。同时，幼儿也喜欢在交通游戏中扮演各种角色，具有初步遵守交通法规的意识。但是在游戏活动中，由于部分幼儿动作发展不均衡或者游戏组织不合理，也会出现一些安全方面的问题，需要教师的关注。

1. 骑车中存在的不安全因素。

活动中幼儿有了初步的安全意识，能够在游戏时按照机动车道或非机动车道来骑行，知道红灯停、绿灯行等基本的游戏规则，并能遵守规则。但是幼儿对于自行车骑行技能掌握不好，会出现因不会刹车或速度过快而摔倒的危险。为幼儿提供有安全轮的自行车，同时要家园配合，鼓励幼儿学习自行车的骑行方法，掌握骑行技能。能够控制好速度，防止碰撞、摔倒的危险发生。

2. 不遵守规则造成的不安全因素。

幼儿知道红灯停、绿灯行的游戏规则，但并不能完全遵守。教师可以通过闯关游戏、交通安全棋类游戏等，帮助幼儿理解规则，遵守规则。同时通过榜样的作用带动幼儿遵守规则，文明出行。

3. 游戏中的交通拥堵造成的不安全因素。

游戏中因投放车辆过多，造成游戏通道拥堵，或者道路狭窄处、交通枢纽交会处会造成车辆滞留。教师可以通过投放车子的数量来控制游戏人数，也可以在容易拥堵的路段设置"交通疏导员"来引导通行，避免拥堵引发的不安全因素。

总之，不能忽视幼儿在游戏过程中所出现的任何安全问题，要及时发现并通过讨论、现场模拟、家园配合等多种方式来帮助幼儿养成正确的交通规则意识与文明行为。

（三）出谋划策

教师除了通过交通基地游戏让幼儿进行交通安全实践活动外，也可以通过一日生活及集体教育活动、家园共育等多种途径来培养幼儿的交通安全意识。

1. 通过生活情景的分享等对幼儿进行随机的交通安全教育。

一天，幼儿在聊天中提到爸爸送他来幼儿园时，有一位送快递的叔叔横穿马路，差点被爸爸的车剐蹭，爸爸在躲避快递车时紧急刹车，使坐在车上的幼儿的身体碰撞到前椅子背上了，所以孩子到了班级跟同伴讲起事情的经过。教师利用这个契机进行随机教育，引导幼儿在路上遵守交通规则，保护好自己，避免发生意外，意识到遵守交通规则的重要性。同时也强调了安全乘车的要求：后排落座，系好安全带，坐儿童安全座椅，不要把头、手等放到车窗外；坐电动车和自行车时把脚放到固定的位置，避免脚伸进车轮受伤等。让幼儿了解如果遇到交通事故要拨打电话122，请交通警察来处理等常识，对幼儿们进行必要的出行安全教育，提高幼儿的自我保护能力，形成初步的安全意识。

2. 通过交通安全儿歌、故事等必要的交通安全教育活动巩固幼儿的交通规则意识。

幼儿有了初步的遵守交通法规的意识，但现实生活中一些不好的现象可能会影响幼儿的认知。通过观看正面行为的交通视频加深幼儿对交通规则的理解，教师指导幼儿在理解交通规则的基础上进行创编交通安全儿歌活动，能够运用已有经验创编安全儿歌，能用语言表达遵守交通规则的重要性，可以通过讲述故事等帮助幼儿知道怎样做是正确的，增强幼儿遵守交通法规的意识，从小树立正确的认知。

3. 利用区域活动强化交通安全知识。

幼儿的游戏活动与生活密不可分，建构游戏中幼儿搭建的不安全马路非常常见，这说明幼儿的交通安全意识需要加强。教师可以通过让幼儿亲自制作交通标志，在建构区投放幼儿制作的交通标志，并将其运用到搭建游戏和生活中，来提高幼儿的交通安全意识。教师也可在益智区投放交通棋和交通骰子，引导幼儿下交通棋来体验规则和秩序。幼儿喜欢角色游戏，喜欢在角色扮演游戏中模仿成人的活动，在区域游戏中模仿快递员送货的幼儿，更容易理解和感受遵守交通法规的重要性，同时通过模仿游戏来提高幼儿的交通安全意识。

4. 家园共育增强交通安全教育合力。

如果家长有是交警的，可以请交警来园为幼儿讲解交通规则及不遵守交通规则会发生的危险，让幼儿认识到交通秩序的重要性，培养幼儿自觉遵守交规的意识。

教师提醒家长要加强对幼儿的交通安全教育，如告诉幼儿打开车门前先看好路况，没有其他车辆行驶过来才能打开车门下车，不要从静止的汽车间突然跑出，不要下车就猛跑，要观察周围情况，避让周围车辆；不满12周岁的儿童不能在道路上骑自行车，不要在车前、车后、车下玩耍，引导幼儿了解交通安全常识，帮助幼儿养成良好的出行习惯。

（北京市六一幼儿院　袁　静）

第四章

应急演练活动

【安全目标】

1. 增强教师、幼儿及其相关工作人员的安全意识，做到防范有备，提高应对紧急情况和突发事件的能力，减少事故造成的损失。

2. 教师有针对性地开展教育活动，帮助幼儿增强自我保护意识，提高自我救护能力。在紧急情况下，面对突发的灾难，教师能够沉着冷静地应对，快速有序地组织避险，避免发生混乱和踩踏等事故，保护幼儿的生命安全。

3. 通过安全教育，使幼儿逐渐建立躲避危险的意识，提高自我保护能力，掌握在突发危险的情况下有序逃生的方法，用正确的方法保护自己。

应急演练是指各级人民政府及其部门、企事业单位、社会团体等（以下统称演练组织单位）组织相关单位及人员，依据有关应急预案，模拟应对突发事件的活动。幼儿园一学期要开展 2～3 次全园性的大型演习，进行应急模拟演习前要充分做好准备，事先制订切实可行的应急自救和疏散演习预案。教师要根据幼儿的认知水平，向幼儿讲清演习的目的、意义是什么，让幼儿做好心理准备，还要注意丰富幼儿的间接经验，引导幼儿先思考和讨论如何防灾、避震、躲避伤害等自救的方法，再进行实战演习，才能起到应有的效果。演习后要注意疏导幼儿情绪上的波动和不安，以防幼儿会以假为真，从而感到困扰和恐惧。

第一节　地震演练活动

据统计，地球上每年发生 500 多万次地震，即每天要发生上万次地震。

其中绝大多数太小或太远，以至于人们感觉不到；真正能对人类造成严重危害的地震大约有 20 次；能造成特别严重灾害的地震有一两次。当前的科技水平尚无法精确预测地震的到来，未来相当长的一段时间内，也是难以准确预测的。我们应该提高建筑物抗震等级，做好防御。

一、地震演练活动中易出现的安全问题及防护措施

地震的发生对于人类来说是不可预估的自然灾害，因此在自然灾害中如何保护自身的生命安全成为安全教育中十分重要的内容之一。地震演练活动可以帮助幼儿熟悉并掌握逃生方法，从而保护自身生命安全。

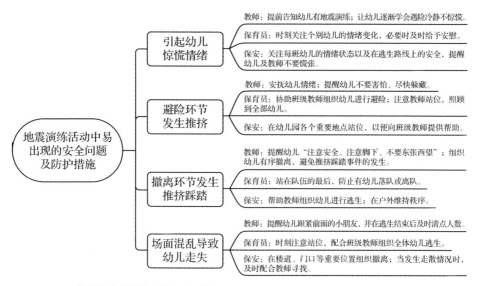

二、典型案例分析与解读

你拥我挤、东躲西藏
----- 地震演练活动中的安全问题

（一）案例描述

5 月 12 日上午 9 时 25 分，幼儿们正在班中跟随教师开展绘画活动。突然响起了地震预警的鸣笛声，滢滢以最快的速度起身，双手捂住口鼻，弯着腰就往班级出口的位置冲了过去，她身边的麦麦、皮皮等幼儿也学着她的样子开始往门口跑去。这时教师大声地提醒幼儿："孩子们，这是地震的警报声音，不要慌，我们先找个安全的地方躲起来。"听到教师的提示声，滢滢和身后的几名幼儿又迅速转身跑到了建构区蹲在墙壁与柜子形成的角落处，捂着头不再出声音。

其他幼儿也都开始"东躲西藏"起来，只见童童边笑边喊着："让我进去！"童童拼命地往一张桌子下钻，而此时这张桌子下已经挤满了 6 名幼儿，童童的介入使得桌子对面的果果被挤了出去，当然果果也不甘示弱，她用力地挤回了桌子下，童童被挤了出来，兴奋地喊着："啊！我出来了，我要进去，太好玩了！"转眼间这张桌子的腿已经离开了地面，桌子在幼儿们的你拥我挤中晃晃悠悠起来。教师迅速赶过去，拉着童童和龙龙跑到旁边的一张桌子下，提示他们躲了进去，平息了这场拥挤。

而那边，康康还在因为没有选好可以躲藏的地方而犹豫不决，他先是跟着天天躲到了桌子下边，转眼看到一诺蹲在益智区的柜子拐角处，他又从桌子下爬出来跟着一诺一起蹲了下来，当看到加菲在图书区用垫子护住头的时候，他又起身跑到了图书区，也学着加菲的样子用垫子挡在了头上，身边的教师一把拉住了康康，他才没有继续更换地方，开始安静地等待逃生的警报。

（二）案例分析

为了进一步提高幼儿的安全意识和应急避险能力，幼儿园每学期都会开展地震安全演习，学习遇到地震时的逃生本领，加强幼儿面对地震时的自我保护能力。 但由于地震对有些地域的幼儿来说并不是经常能遇到的灾害，所以在演习过程中容易出现一些不正确的逃生方法和安全事故。

1. 幼儿不能清晰地分辨消防警报和地震警报的区别。

我们知道消防警报和地震警报是有区别的，但在真实的幼儿园演习活动中，警报声一响起，教师就要迅速做出判断，引导幼儿采取正确的逃生方法。 幼儿在听到警报后的一瞬间其实很难分辨出是哪种警报声音。 案例中的滢滢就是通过自己的经验和判断选择了火警的弯腰、捂嘴的逃生方式，并且还影响了身边的幼儿也学着她的样子逃生。 出现这种现象的主要原因是在平时的演习活动中消防演习的次数会比较多，由于地域和生活经验的原因，地震演习比较少，幼儿关于地震逃生的经验也几乎为零，所以有的幼儿在听到警报后会第一反应做出消防逃生的动作。

2. 幼儿对地震演习不够重视。

案例中的幼儿为了争着躲到桌子下而发生了矛盾，并在交流过程中面露微笑，表达着"太好玩了"的感受，这说明幼儿还没有意识到地震的危害性和严重性，并没有严肃地对待地震逃生这件事情。 其实旁边的桌子下就还有宽敞的空间，但是幼儿会有从众的心理，在遇到突发事件的时候容易扎堆，会觉得哪里人多哪里才安全，不敢自己躲到人少的地方也是可以理解的，所以出现了案例中激烈的那一幕。

3. 幼儿对地震躲避的认识不能落实到行动上。

在幼儿园的活动室中，有很多地方都可以用于地震逃生和躲避。比如，桌子下面、高大结实的柜子角处、承重墙的墙壁下、墙角等，但是选择多的同时，也会出现"躲在哪里更好？"的问题。案例中的康康就是不知道躲哪里好了，看到别人躲在哪儿他就要躲哪儿，先后换了三处躲避地点，要不是教师及时拉住了他，他可能还会一直换下去，其实他躲过的三处地点都可以，但是频繁地更换和跑动才是在地震来临时最危险的行为，原因是他没有坚定地选择距离自己最近的躲避地点。

（三）出谋划策

当地震警报响起时，幼儿会感到手足无措，通过防灾自救的安全教育、提前对地震知识的了解、对逃生方法的熟悉和掌握可以帮助他们在地震演习活动中减少慌张，提高重视程度，丰富地震逃生的经验，同时也知道了在地震来临时应该怎样保护自己、怎样自救。

1. 加强对不同警报的分辨能力。

教师要带领幼儿学习分辨不同的警报声音。首先，教师可以创设相关的集体教学活动，如开展分辨警报声音的小游戏等，可以请幼儿说一说火警的警报是什么样的，地震的警报是什么样的，学一学它们的声音有什么不一样。通过模仿、表达和实际体验帮助幼儿加深对不同警报声音的认识，并告诉孩子警报声音响起后的正确做法，要先分辨才能做出逃生判断。其次，教师要组织幼儿对比分辨火警与地震的逃生方法有哪些不同，什么样的动作是正确的，并根据不同的警报声做出正确的逃生动作。

2. 要引导幼儿高度重视地震演习，尽可能创设真实的逃生氛围。

在幼儿园进行地震安全教育的时候，地震演习是经常采用的方式之一，虽然地震对于一部分地区来讲并不常见，但既然是演习活动，教师就要尽可能地创设真实的氛围。当警报声音响起，从教师的反应中，如表情、动作、语气等，都应该体现出活动的紧迫性和危险性，切记不可以流露出行为怠慢、面露微笑的演习状态，因为在幼儿园发生危险时幼儿肯定会第一时间观察教师的反应和应对方法，一丝的怠慢情绪被幼儿捕捉到都会影响他们对待整个演习活动的态度，从而降低了幼儿对演习活动的重视程度。所以教师要以身作则，用自身的行为状态影响幼儿对演习活动的重视，从而使幼儿在演习活动中学会安全躲避和逃生的方法。

3. 教师要帮助幼儿分辨并选择最近的、安全的躲避场地。

地震逃生中，安全的躲避位置不止一处，对于幼儿来讲存在不会自主选择的情况，这就需要教师在日常和演习前的安全教育中引导幼儿掌握相关技能。 教师可以通过以下形式来完成。

（1）地震安全演习的形式，在演习活动结束后，教师要带领幼儿回顾和小结演习过程中存在的问题，让幼儿说出心理感受，以及怎样正确地找到躲避场所等。

（2）利用儿歌的形式，帮助幼儿了解地震逃生中哪里是安全的躲避场所。

（3）因为有的地域很少或几乎没有遇到过地震的情况，所以也可以利用观看地震视频的形式，帮助幼儿直观地感受地震来临时的危险场景，了解逃生时间的紧迫，助力幼儿能迅速地找到最近的躲避地点。

那么，在地震来临时哪里是安全的躲避场地，为什么？ 哪里是不安全的，为什么？ 要帮助幼儿深入地了解。

比较安全的躲避地点：

①承重墙下和拐角处比较安全，因为承重墙相对比较结实，发生倒塌的时候会形成安全的三角地带，所以是可以躲避的好地点。

②桌子下可以帮助我们在房屋倒塌的时候多一层防护和抵挡。

③活动室中高大、结实的柜子拐角处也是可以躲避的地点。

④要尽量选择有食物和接近水源的位置，这样可以在地震后等待救援的时候保证有充足的食物和水源。

不安全的躲避地点：

①要远离大屏幕、玻璃幕墙、窗户等位置，因为在发生倒塌的时候玻璃易碎，会给人们带来二次伤害。

②有悬挂物的下方，如热水器、吊柜等位置不适宜躲避，容易在地震时掉落对人们造成伤害。

③躲避的地点要远离电源的位置，避免地震后引发火灾和电源问题带来的伤害。

（北京市六一幼儿院　李雅楠）

全国防灾减灾日是经中华人民共和国国务院批准而设立，自 2009 年起，每年 5 月 12 日为全国防灾减灾日。一方面顺应社会各界对中国防灾减灾关注的诉求，另一方面提醒人们前事不忘、后事之师，更加重视防灾减灾，努力减少灾害损失。

图 4-1　防灾减灾日图标

防灾减灾日的图标以彩虹、伞、人为基本元素，雨后天晴的彩虹蕴意着美好、未来和希望，伞的弧形形象代表着保护、呵护之意，两个人代表着一男一女、一老一少，两人相握之手与下面的两个人的腿共同构成一个"众"字，寓意大家携手，众志成城，共同防灾减灾。整个标识体现出积极向上的思想和保障人民群众生命财产安全之意。

2023 年 5 月 12 日是中国第 15 个全国防灾减灾日，主题是"防范灾害风险　护航高质量发展"。

摘自国家减灾委、民政部网站，引用时有改动。

应急演练的注意事项

1. 在演练疏散过程中，可以用设置障碍或锁闭大门模拟疏散通道被堵塞、坍塌、门变形等情景，锻炼教职工的反应能力和应变处突能力。

2. 在演练疏散过程中，可以用设置模拟火源，锻炼教师能够在疏散过程中准确选取灭火器等灭火器材灭火，打通疏散通道，以备在可能遇到火灾、电线短路等情况，能够准确处置。

3. 在演练应急疏散用的场地，设置模拟的电线杆、广告牌、悬空电线等倒塌、短路、电线漏电等情况，锻炼教师保持对危险因素的警觉性和警惕性，从而能够随机应变，选择安全的避险路线。

4. 在预案中要明确治安保卫组的任务和舆情管控小组的职责，妥善地面对新闻媒体，及时给出官方声音，同时禁止一切外来人员进入幼儿园。

第二节　消防演练活动

各种灾害中，火灾是最经常发生、最普遍的威胁公众安全和社会发展的主要灾害之一。人类使用火的历史与同火灾作斗争的历史是相伴相生的，人们在用火的同时，也在不断总结火灾发生的规律，尽可能地减少火灾及其对人类造成的伤害。

消防演练不但促使全体教职工高质量地执行演习预案，逐渐形成惯性行为，还可以让全体师幼熟悉撤离线路及疏散方法，在紧急情况下不慌乱，避免造成二次事故。日常进行消防安全教育、制订消防预案、加强消防演练才是应对火灾最有效的办法。

一、消防演练活动中易出现的安全问题及防护措施

在模拟真实氛围的消防演习活动中，由于演习时间急促，事发突然，人员都慌张地朝一个方向跑动，途中可能会出现各种状况。这就需要保教人员密切配合，重点保障幼儿的身心两方面安康。

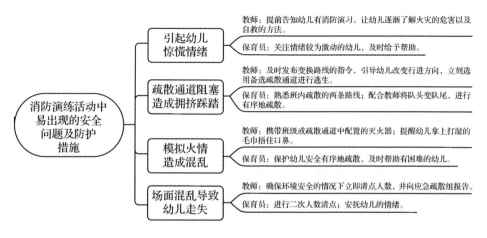

二、典型案例分析与解读

我的香蕉怎么办？

------消防演练活动中的安全问题

（一）案例描述

每年"11·9"全国消防日前，教师都会和幼儿一起开展与消防安全相关的教育活动。午睡后，在没被告知的情况下小班的幼儿迎来了他们人生中的第一次消防演习活动。刚刚睡醒的幼儿在活动室中坐在小椅子上津津有味地吃着香蕉加餐。班中的三位教师也各自忙碌着：帮幼儿整理午睡后的被褥、帮女孩子梳着头发、照看着正在吃水果的幼儿。

突然鸣笛声响起，三位教师迅速分辨出这是火警的鸣笛声。活动室的教师们大喊着："这是火警警报！小朋友们低头弯腰、捂住口鼻！快快站起来跟我走，"正在吃香蕉的乐乐嘟囔着："可是，我的香蕉还没吃完呢。"已经吃完香蕉的天天则飞快地向垃圾桶跑去，想要把吃完的香蕉皮扔到垃圾桶里再跟老师逃生。教师看了孩子们的表现连忙又大喊道："不用扔香蕉皮，放在桌子上就可以！孩子们现在快跟紧老师跑到外面！"从未经历过这种情景的小班幼儿被吓得不知所措，胆小的豆豆更是被这紧张的氛围吓得哭喊着"我要回家，我要我妈妈"，受哭声感染的其他幼儿更加紧张起来。保育员立刻抱起哭着的豆豆，跟随主班教师一起下楼逃生，主班教师走在队伍的最前面，配班教师和保育员分别走在队伍的中间和最后。晨晨天生体质较弱、大肌肉发育不协调，在下楼梯时动作一直很慢。此时他走在队伍的中间，红着眼眶，双手紧紧地攥着楼梯扶手，缓慢地一步一步向台阶下挪动，一时间堵住了窄窄的楼梯。后面的幼儿都想快快逃离，着急地催促"你快点走啊！晨晨你快一点"！甚至开始你推我挤起来，下楼的队伍显得有些混乱躁动。配班教师这才看到逃生队伍中引起堵塞的晨晨，赶快跑到楼梯中间牵着晨晨一同下楼。堵塞情况解决了，幼儿下楼的速度明显加快了。

终于，教师和幼儿按照安全出口的路线安全地逃到了空旷的大班操场，在幼儿的哭声中和关于"到底发生什么事了"的窃窃私语声中，教师清点着幼儿的人数。

（二）案例分析

消防演练是幼儿园每学期都会开展的安全演练活动。消防演练相比安全教育更鲜活逼真，更贴近实战，更有紧张氛围，故而也会出现各种各样的状况。

1. 幼儿不能分辨紧急状态和常规状态的不同，不能马上进入情景，耽误最佳逃生时机。

在日常教育中，教师教授过幼儿遇到火灾事故时应如何逃生的教育内容，但是幼儿年龄较小，没有火灾等场面的直观经验和感受，理解不了水火无情的残酷，面对突发事件时，不能进入应急状态，一味按照日常情况思考着"我的香蕉怎么办"，反而耽误了最佳逃生时机。

2. 教师未能关注幼儿个体逃生能力的差异，导致逃生过程中的安全问题。

在逃生的过程中，班级中的三位教师采取了前、中、后的站位，本应能保障幼儿逃生过程中的顺畅与安全。 但处于幼儿中间站位的配班教师在紧急逃生情况下忽略了应对胆小及行动较慢幼儿的重点关注及帮助，导致晨晨由于天生体质较弱，大肌肉发育不协调等原因，在下楼梯时动作较慢，造成楼梯处的拥挤，耽误了逃生的及时性。

3. 对幼儿情绪安抚不足导致心理伤害的问题。

全部演习结束后，教师没有对幼儿进行情绪安抚，没有清晰地向幼儿说明演习的真实情况，更没有对演习中幼儿表现情况进行讲评，错失了绝佳的安全教育机会。 此外，幼儿因不明事由还处于紧张和恐慌中，会造成一定程度上的心理伤害，造成对火灾的恐惧，更不利于日后开展安全教育。

（三）出谋划策

演练实践中暴露出的问题，是及时发现问题、对症解决问题的现实依据，是降低灾害损失、挽救珍贵生命的有效途径之一。 通过多次演练，解决演练中存在的问题，逐步达到满意的演练效果。

1. 演练前要进行关于火灾逃生的系列教育。

根据心理学家皮亚杰的认知发展阶段理论，3～6岁的学前幼儿属于前运算阶段，具有具体形象思维的特点。 面对3～6岁幼儿的安全教育，教师及家长应尊重幼儿"直接感知、亲身体验、实际操作"的学习方式，选择适宜的教育形式，通过扮演不同情景下应如何安全逃生、模仿成人的行为等方式进行学习，对幼儿开展安全教育，为演练的顺利进行打下坚实的基础。

也可以通过多种途径进行防火灾教育，如在各领域教育教学中渗透消防安全教育、在区域活动中进行个性化消防安全教育、在周围环境布置中宣传幼儿消防安全知识、在主题活动中开展消防安全教育、在家园密切配合下增强幼儿的自我保护意识，强调在发生危险时首先要听从教师或家长指挥的安全意识，以及幼儿必须掌握的消防自救知识。避免日常教育的教条化和灌输式，增强幼儿面对突发事件时灵活应变的能力。

2. 教师需掌握消防演练活动中的几大关注点。

（1）关注班级教师间的相互配合。

班级的几位教师应密切配合，积极沟通，通过演练活动逐渐形成较高的默契度，在处理突发情况时主班教师组织其他教师，做出统一的行动指挥和负责划分的部署。要明确并细化班级中各位教师在面对突发情况的具体分工与配合，如教师的站位、路线的选择、救生器材的携带等。日常教师要对班级区域和疏散路线进行检查，保证通畅，预判关键点。

（2）关注班级中幼儿能力水平的差异。

要明确班级中幼儿的能力水平及心理素质，如胆小的幼儿、下楼梯等行动较慢的幼儿。确定有可能存在困难的幼儿名单，在特殊情况下要及时关注，重点帮助。

（3）关注逃生路线的安全性，并根据情况灵活调整。

在疏散过程中，如遇到逃生的道路堵塞、有设施火源苗等情况，教师应灵活应对，根据火势大小判断用随身携带的灭火装备灭火或立即切换备用疏散路线，避免造成幼儿在疏散过程中拥挤、受伤，引发踩踏事故等，确保幼儿安全逃生。

（4）关注次生伤害的问题。

在日常演练活动中，教师常常以为预设安全疏散场地——空旷的场地就是安全地点。但安全地点的现场情况也会随着灾害发生产生变化。比如，周围建筑是否安全、火灾产生浓烟飘动的方向，是否影响到消防车辆救援等情况，避免次生伤害对幼儿造成的伤害。教师应在逃生后及时关注当天的天气及环境变化，选择适宜的安全地点，避免次生伤害。

3. 做好演练时幼儿情绪管理。

由于防火演练活动的逼真性和紧张的气氛对弱小幼儿的心理有一定的冲击性，在演练活动中，要关注培养幼儿健康的情绪管理能力，引导幼儿面对危险不慌张、不害怕，积极开展自救自护行动，要抓住契机和实际案例，直接直观地就地开展安全教育，让幼儿更加清晰明确地掌握安全知识以及提高意外情况的处置能力，树立沉着冷静面对灾害的心理素质。在演练活动中，要及时为幼儿提供支持和帮助，让幼儿恐惧的情绪得到安抚，避免对幼儿造成心理应激反应。同时与家长沟通幼儿在演练活动中的表现，指导家长疏导幼儿情绪，保障幼儿的心理健康。

（北京市六一幼儿院　刘　悦）

第三节　防拐骗演练活动

不法分子利欲熏心，通常利用幼儿年龄小、缺少防范、容易听信他人的特点，采用引诱、强行等手段实施拐骗犯罪。教师、家长都应该把拐骗者的欺骗伎俩告诉幼儿，并教育幼儿如何避免被拐骗，用什么办法来解脱等，幼儿也应该了解拐骗事件，掌握防拐骗安全知识，提高警惕和分辨是非的能力，防止拐骗事件的发生。

一、防拐骗演练活动中易出现的安全问题及防护措施

当今社会拐骗儿童事件频发，不法分子利用幼儿缺乏社会及生活经验等特点对其进行诱骗，从而使得自己获利。因此对幼儿进行不定期的防拐骗演练可以让幼儿在实践中增强自我保护意识，获得应对的方法。

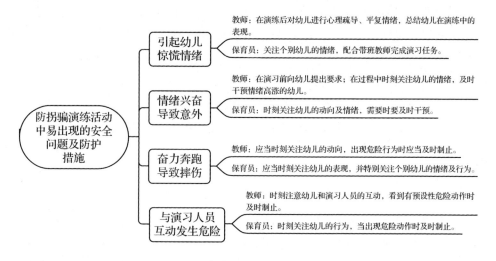

二、典型案例分析与解读

叔叔带我玩滑梯
------防拐骗案例

（一）案例描述

今天大班举行跳绳比赛活动，幼儿们和教师在大班操场全神贯注地参与活动。教师带领幼儿们参与一个个跳绳项目，气氛热火朝天……在没被告知的情况下，寄宿班上的幼儿腾腾被"保安叔叔"锁定了。

"保安叔叔"拿着棒棒糖问腾腾："我这有棒棒糖吃，还可以带你去玩滑梯。"叔叔的手指向旁边的拓展营接着说："你玩一会儿，过会儿你爸爸妈妈就来接你了。"腾腾想了想点了点头，并接过了"叔叔"递给他的棒棒糖。"叔叔"顺势带走了孩子。腾腾小声地问："我爸爸妈妈一会儿来接我，是吗？""叔叔"拉着腾腾的小手点了点头。

快到滑梯处时，正在跳绳比赛中环视本班幼儿的教师发现不远处班里的腾腾被一名陌生男子带走了。教师急忙奔跑过去，大声制止并询问："您是谁，为什么带走孩子？""叔叔"这时说："我是幼儿园的保安，家长马上要接孩子，我见你们正在集体活动，没去打扰你们。"教师见腾腾手里拿着棒棒糖便感到这位陌生保安十分可疑，于是和这位保安说："家长并没有跟老师报备这时候要接孩子，因此我们要确认一下情况是否属实，并且会由教师帮忙送孩子到门口。"这时教师赶快把腾腾带回集体中，后续知晓了这次是拐骗演习。

（二）案例分析

在幼儿园大型活动中，由于活动的内容丰富多彩、气氛高涨热烈，因此教师和幼儿常常会集中精力投入活动中。此时，有个别幼儿在教师没有注意到的情况下，会出现在"坏人"的引诱下离开班级的情况，所以户外活动在开放且嘈杂的环境中要注意幼儿的走失与拐骗问题。

1. 幼儿面对感兴趣的事物常较难自控且易轻信他人，缺乏一定的安全意识。

"叔叔"利用了幼儿感兴趣的事物（好吃的、爸爸妈妈来接、贪玩）对幼儿进行诱骗，又因幼儿身心发展过程中具有自控能力弱这一特点，使得其在自己感兴趣的事物前难以控制致使轻信他人。同时，幼儿的潜意识里并未建立与重视"不要和陌生人走"的初步安全意识，幼儿缺乏一定的交往沟通经验以及自我保护等安全防范意识。

2. 幼儿和家长在幼儿园等熟悉的环境中易放松警惕，导致发生危险。

幼儿园是幼儿每天生活时间最长的地方，因此在幼儿的一贯思维印象中，幼儿园是一个既熟悉又安全的场所。在幼儿园中，除了有爱他们的老师外，还有保安叔叔一直在保护着他们，这些都是让幼儿感到十分亲切又熟悉的。尤其对于中、大班的幼儿来说，他们已经在幼儿园生活学习了很长时间，对于教师和在幼儿园中经常与其接触的人会建立一定的信任，这便使得幼儿误以为叔叔说的"家长一会儿来接"是善意的引导，并没有察觉到危险因素。同时，幼儿对于熟悉的环境常常会放松警惕，致使扮装人员有可乘之机、拐骗得手。

3. 幼儿对身穿制服的警察、保安等群体易产生信任，从而降低警惕性。

幼儿的安全感是幼儿个体对自身安全状态的感受，受自身或其他因素的影响在具体的时空下对自己所处环境的安全状态的体验和判断，所表达出的心理确定感。安全感是个体的主观感受，受个体所处环境和主观经验的影响。[1] 同时，幼儿在认知发展中具有同化的特点，所谓同化是指把外界元素整合到一个正在形成或已经形成的结构中的过程。[2] 换言之，当幼儿的已有经验中出现"警察叔叔穿制服"的认知时，他看到所有穿制服的人都会认为是像警察叔叔一样的人。因此，案例中"叔叔"穿上保安的制服接近幼儿时便极易赢得信任。

（三）出谋划策

由于幼儿的身心发展水平尚未成熟、缺乏生活及社会经验，容易轻信他人，所以幼儿成为骗子惦记的狩猎目标。教师应当在一日生活中注重加强防拐骗的安全教育，通过集体活动、个别活动等形式引导幼儿了解防拐骗安全常识及应对策略，帮助幼儿建立安全意识。

1. 牢记规则是防拐骗的最简单有效的方法。

引导幼儿牢记"陌生人的东西不要拿""不跟陌生人走"。教育幼儿在

---

① 祁道林、樊文华：《近二十年我国幼儿安全感研究综述》，载《教育观察》2021(1)。

② 陈琦、刘儒德：《当代教育心理学》，北京，北京师范大学出版社，2000。

幼儿园不要远离教师的视线独自活动，如想做其他的事情，一定要让老师知道；教育幼儿不要接受陌生人给的东西，如想要，需要征求老师或父母的意见；如果爸爸妈妈要接走，需要和老师说"再见"，经过确认才能离开。

2. 通过预演等活动形式对幼儿进行安全教育，了解防拐骗的应对方法。

教师通过创设情景模拟骗子惯用伎俩，帮助幼儿增长防拐经验，来加强幼儿对外来陌生人的安全防范意识。如假扮成幼儿爸爸妈妈的好朋友来接其离园、通过用其爱吃的零食或好玩的玩具接近幼儿等，并可以通过集体讨论总结出应对的好方法。

教师和家长可以为幼儿创设情景并针对"假如一位穿着警察制服的人接近你，你会怎么办？"等问题进行讨论，并向幼儿说明"不管接近你的人穿着什么衣服，只要是不认识的人接近你或想带你走都要告诉家长或老师"。

3. 家园共育防拐骗。

（1）家长严格遵守安全接送、出入登记制度。

幼儿园具备一套完整的幼儿来园与离园的安全系统及规章制度，如家长不是在统一时间段提出接幼儿离园，家长必须向教师进行提前报备，教师向上级领导报备并通知传达室保安负责人。保安人员须请家长登记并刷门禁卡进入校园，进入班级教师与孩子确认是家人方可接走孩子，如有代接情况，家长必须和教师确认代接人身份，如有条件可在代接人在场时采用视频通话再次确认身份。保安不应当作为接送幼儿的人员，而是作为岗位坚守的协调人员。同时家长也应当严格遵守幼儿园的各项规定，以提供给幼儿一个安全、稳定的成长环境。

（2）家长跟幼儿约定防拐骗规则。

家长要配合防拐骗教育，教给孩子牢记以下几点：遇到陌生人，要学会说"我不认识你"；不能接受陌生人的钱财、玩具、礼物或食物，坚决拒绝他们的诱惑；独自外出时要征得家长同意，和家长出门要和家长牵手；独自在家时不要给陌生人开门；迷路或找不到爸妈、老师时，站在原地不动或打110求助。

（北京市六一幼儿院　李　颖　李靖颐）

常见的诱骗手段

1. 装扮成"熟人"。

拐骗者会假扮成"熟人"接近拐骗目标，如声称自己是"爸爸妈妈的好朋友"，从而骗取目标的信任。

2. 借助"物品"博得关注。

拐骗者常常利用拐骗目标的好奇心、喜好等博得其关注。 例如，常常通过玩具、美食等道具接近目标。

3. 骗取他人的同情。

拐骗者常常将自己假扮成"弱势群体"或需要帮助的人群，利用他人的善心对其进行拐骗，从而骗取他人的同情与帮助。

第四节　防恐暴演练活动

校园恐怖袭击是对学生身心产生最大伤害的事件之一。 而3～6岁学龄前幼儿的自我保护及识别危险的能力较弱，因此在校园恐怖袭击事件中，此阶段的儿童与其他年龄层的儿童相比所受到的伤害更大。 作为教育者、儿童的监护者在保证幼儿生命安全的同时，也应当引导其掌握正确的应对方法，以提高自我保护的意识及能力，从而让幼儿健康地成长。

一、防恐暴演练活动中易出现的安全问题及防护措施

虽然我们生活在一个相对安全的社会环境中，但校园恐怖袭击事件仍然存在发生的可能性。 因此通过日常生活中的防恐暴演习让幼儿在真实情景中习得自我保护的正确方法及能力是至关重要的。

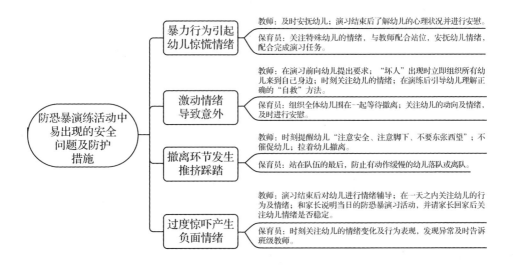

防恐暴演练活动中易出现的安全问题及防护措施

暴力行为引起幼儿惊慌情绪
- 教师：及时安抚幼儿；演习结束后了解幼儿的心理状况并进行安慰。
- 保育员：关注特殊幼儿的情绪，与教师配合站位，安抚幼儿情绪，配合完成演习任务。

激动情绪导致意外
- 教师：在演习前向幼儿提出要求；"坏人"出现时立即组织所有幼儿来到自己身边；时刻关注幼儿的情绪；在演练后引导幼儿理解正确的"自救"方法。
- 保育员：组织全体幼儿围在一起等待撤离；关注幼儿的动向及情绪，及时进行安慰。

撤离环节发生推挤踩踏
- 教师：时刻提醒幼儿"注意安全、注意脚下、不要东张西望"；不催促幼儿；拉着幼儿撤离。
- 保育员：站在队伍的最后，防止有动作缓慢的幼儿落队或离队。

过度惊吓产生负面情绪
- 教师：演习结束后对幼儿进行情绪辅导；在一天之内关注幼儿的行为及情绪；和家长说明当日的防恐暴演习活动，并请家长回家后关注幼儿情绪是否稳定。
- 保育员：时刻关注幼儿的情绪变化及行为表现，发现异常及时告诉班级教师。

二、典型案例分析与解读

坏人来了怎么办？
------防暴恐演习案例

（一）案例描述

一个风和日丽的上午，幼儿们正在操场上玩户外游戏。一场防暴恐演习悄然展开，园内协管员扮演"恐怖分子"翻墙进入校园，黑衣男子戴着黑丝头套，持刀气势汹汹地走向操场上正在游戏的幼儿……当看到有"恐怖分子"出现在操场上时，幼儿因为"恐怖分子"的装扮而产生好奇的心理，有的幼儿停下手里的玩具盯着"恐怖分子"看，有的幼儿还没有注意到危险的来临。此时主班教师快速张望眼前可用来遮挡保护自己的"武器"，拿起脚边的体育游戏材料"跨栏"迎住黑衣男子，并试图跟黑衣男子沟通，"你有什么事？我可以帮助你"，黑衣男子不说话，气急败坏地一步步向师生逼近。这时配班教师迅速把幼儿组织到自己周围，伺机撤离。主班教师面向"恐怖分子"走了几步想掩护后面的幼儿，但这时有两名幼儿跟随着教师的步伐向前走，配班教师见状从后面低声叫道："别过去！"并双手拉住幼儿，带着全班幼儿跑进教学楼，保育员在队伍最后面确保所有的幼儿同步撤离，幼儿们在教师的带领下躲到睡眠室，在确保所有幼儿安全隐藏在床铺下面后，教师迅速关闭所有门窗，拿了两根积木作为防身武器，同时打电话报警，并上报安全领导小组长。

（二）案例分析

在社会中出现的校园恐怖袭击事件中，由于3～6岁学龄前儿童年龄小、缺乏生活经验以及应对突发事件的机智与反应，对于存在的危险没有意识，尚未掌握正确的处理方法，因此更易受到较大的伤害。

1. 幼儿对突发的新奇事物易产生探究心理，不知道逃离。

结合相关幼儿心理年龄发展的研究发现：幼儿常常对新奇事物产生极强的好奇心，同时探索的欲望呈"V"形发展。当幼儿看到"男子穿着黑衣、头戴黑丝头套"的样子会产生好奇的心理，并有部分幼儿会因为觉得好玩或好笑而降低对危险的警惕性，反而产生兴奋的情绪，如起立观望、发笑等，而不是警觉地跟随教师的指令撤离。幼儿的行为常常受情绪的支配，而不受理智的支配。因此当幼儿因为演习产生激动、兴奋的情绪时，其行为也会表现为明显的多动，从而加大在突发情况发生时教师的管理难度。

2. 幼儿在混乱情况下不能判断哪里是安全的，做出相反的举动。

当教师和"黑衣男人"进行对抗时，几名幼儿也跟了上去想与老师一起向"坏人"对抗。虽然幼儿出于好心，想勇敢地帮助老师一起面对危险，但也反映出幼儿不能敏感地意识到危险的存在，并缺乏应对突发情况的经验。例如，当"歹徒"愤怒、情绪激动时，会把吸引其注意力的人或事当作目标；同时也可看出幼儿尚未掌握正确的应对方法。例如，当危险发生时，迅速找到本班教师，并和小朋友、教师一起撤离等安全的方法。

3. 在防恐暴演习中教师的器材选用、处置流程等方面表现专业。

在防恐暴演习中，主班教师挺身而出对抗"歹徒"，所有的教师都知道拿起"武器"（跨栏、积木等手边物品）保护自己和幼儿，尽量降低危险和伤害。配班教师负责组织幼儿并带领全部幼儿进行撤离，保育员在队伍最后保护幼儿防止个别幼儿掉队，这体现出教师间的职责分配明确并配合默契。

（三）出谋划策

危险无处不在，意外也不会有预告再来临，因此教师在日常生活工作中对于突发事件中应对措施、方法的掌握至关重要，只有日常做到不忽视、不轻视，当危险真正来临时才可以较好地应对，将校园安全工作落实到位。

1. 通过警民共建，培养教师更具专业性的防暴恐能力。

应对暴恐分子和突发安全事件属于警察的职责范围，但是作为一名教师，不但有责任和义务"全民反恐、共筑平安"，而且保护学生的生命安全也是教师义不容辞的使命。只有掌握了更专业的防范恐怖袭击的基本知识和紧急情况下的应对能力，了解到如何正确应对和处置，才能更好地保护学生。

通过邀请片区民警进校园宣讲的方式，让教师做到能知险避险。民警从实战角度出发，对保安、教师等人员进行现场教学，传授近身处理突发事件技巧，提高教师的反恐怖意识和应对突发事件的能力。借助警察专业的指导，警民一起共筑平安校园。

2. 通过日常的防暴恐教育，提高幼儿对危险的识别和应对能力。

教师可以通过分享真实的案例、阅读绘本、观看动画片和视频等方式，让幼儿直观地感受到危险无处不在以及"恐暴"带来的危害。围绕"遇到暴力事情怎么办？如何安全撤离？"进行讨论，引导幼儿识别危险的情景，知道不围观、快速逃离、及时躲避是安全应对的好办法。教育幼儿跟随教师有序逃离，防止踩踏事件的发生。尤其不要看热闹，不要向事发地点靠近，更不要向歹徒靠近，确保突发伤害事件时，能及时、安全地撤离、躲避。

在无法逃跑的情况下，要机智躲避。利用身边的建筑物、树木、车体、围栏、桌子、床等物体进行阻挡，躲避砍杀。同时要保持安静，不要大喊大叫大哭，不吸引歹徒注意自己也能保护自己。

3. 演习后及时对幼儿进行情绪安抚、攻击性行为辨识的教育。

教师应当针对演习过程及结果进行及时反馈与总结，引导幼儿分辨正误，表扬幼儿的正确做法，分析幼儿的错误做法会导致的严重后果，并对幼儿进行情绪安抚。

首先，教师要充分考虑幼儿的行动能力和心理承受的能力。在防恐防暴演练中，扮演暴恐分子的人员会挥舞道具刀具，与处突人员产生矛盾及发生身体冲突，这种场景容易造成幼儿恐慌，情绪失控。因此主班教师必须宣传落实到位，包括对家长的宣传，让家长关注幼儿演习后的情绪，及时疏导。

其次，在演习过程中为了情景的真实性、幼儿体验的完整性，扮演"歹徒"的人会表现出具有攻击性的行为，如挥棍子、敲打物品、毁坏物品等。而根据班杜拉的"儿童攻击性行为获得"的实验结果得知：幼儿可以通过观

第四章·应急演练活动

察榜样的行为进而学习侵犯行为。因此当"歹徒"做出暴力行为时，在场的幼儿有通过观察模仿习得该行为的可能性，从而当自己出现不愉快或与同伴发生矛盾时表现出来。因此教师应当在演习结束后，通过请幼儿分享感受等方式对演习的过程和幼儿的表现予以评价，引导幼儿认识到"歹徒"的行为是不好的、是会受到法律的制裁的。

总之，要把幼儿的身心健康放在首位，通过前期的防暴恐教育活动铺垫和后期的安抚来消除演练带给幼儿的情绪恐慌和负面影响。

（北京市六一幼儿院　李　颖　金孟琛）

安全小贴士 >>>>>>>

应对"暴徒"的几种方法

1. 及时拨打 110 报警电话；

2. 幼儿迅速集合到教师身边；

3. 定期对幼儿园安保人员进行实操训练；

4. 定期对教师进行培训；

5. 定期进行防恐暴演习；

6. 教师定期开展安全教育的课程。

第五章

大型活动中的安全防护

【安全目标】

1. 提高对特殊情况的快速反应能力和应对能力。

2. 各司其职、各负其责，分工合作，活动安全有序。

3. 提前熟知大型活动的规则、流程和注意事项，有备无患。

4. 引导幼儿了解外出的注意事项和要求，让幼儿有出行的安全意识。

幼儿园大型活动是指有目的、有计划、非个别班级师生参与的、具有一定规模的综合性教育活动。 幼儿园大型活动种类繁多，形式多样，需各部门协调一致，共同完成大型活动中的安全保卫工作。

第一节 亲子运动会中的安全防护

亲子运动会就是父母和幼儿一起进行的运动会，一般以家庭为单位参加一些趣味运动项目。 幼儿园每年都要开展亲子运动会，在运动会中家长和幼儿共同参与体育类游戏。 为了确保运动会顺利举行，幼儿园要结合实际情况，加强运动会的安全管理，做好部门联动、准备充分、责任到人，保护师幼及家长的人身安全。

一、亲子运动会中易出现的安全问题及防护措施

亲子运动会中，教师不但要关注场地、材料、活动中的安全，还要考虑到天气对运动的影响，更要警惕传染病、拥挤、踩踏、走失等安全事件。教师要做到有预警，有应对，才能避免伤害和损失。

材料引发的
安全问题

教师：提供适合本年龄段幼儿操作的游戏材料；运动会前带领幼儿认识游戏材料。

保育员：活动前检查所有游戏材料的安全性；了解活动中安全方面的具体内容，在运动会上指导家长和幼儿游戏。

家长：熟悉游戏材料的使用方法及游戏规则。

服装不适宜

教师：提醒家长准备适合运动的服装，不佩戴首饰及带尖的发卡；检查幼儿的服饰是否适宜。

保育员：协助教师检查幼儿的服装、鞋及头饰是否适宜；关注家长的服装是否适宜。

家长：提前了解运动会的相关要求；按照要求准备服饰等；在运动会前检查服装上是否有尖状物体。

场地安全隐患

教师：选择符合运动项目要求的场地；保持场地宽敞空旷；规划好游戏路线，并做好区域地标图。

保育员：检查场地的安全性；提示家长不在场地中来回穿梭。

家长：协助教师共同调整、摆放游戏场地和材料；不来回走动；照顾好幼儿。

天气不适宜

教师：提示家长带领幼儿有序、迅速地撤离到室内；稳定幼儿的情绪；清点幼儿人数并上报。

保育员：配合教师带领幼儿及家长迅速有序地撤离，检查运动场地内是否有幼儿及家长滞留。

家长：听从教师安排，领好幼儿撤离到室内；协助教师清点人数。

亲子运动会中
易出现的安全
问题及
防护措施

情绪激动
造成伤害

教师：提醒引导幼儿懂得"友谊第一、比赛第二"的运动精神；及时安抚幼儿情绪。

保育员：配合教师关注幼儿情绪，发现问题及时向主班教师汇报。

家长：提前带领幼儿练习运动项目，引导幼儿团结合作，勇于接受比赛中的输赢。

材料摆放
不规范

教师：选择适合幼儿身体条件的游戏材料；合理摆放游戏材料。

保育员：协助教师摆放游戏材料；运动会中关注游戏材料的摆放。

家长：协助教师关注游戏材料的安全，发现异常，及时调整。

人员密集造成
交叉感染

教师：运动会前关注幼儿身体健康情况；准备免洗消毒液，做好入园时的手消工作。

保育员：准备好消毒纸巾、免洗消毒液、垃圾筐等用品。

家长：幼儿或家长有身体不适应在家休息；运动会中出现身体不适应及时告知教师，请校医进行检查，必要时迅速打120。

幼儿走失

教师：提示家长，注意离园时牵好幼儿的手，以免走失；有秩序安排家长带领幼儿离园。

保育员：协助教师送幼儿离园，对幼儿及家长进行有序疏导。

家长：看护好幼儿；牵好幼儿的手有序排队离园；离园前和教师告别。

突发事件

教师：活动前做好安全预案；提前告知家长班级的安全预案；遇到突发事件按照安全预案有序撤离。

保育员：了解安全预案；在突发事件来临时不惊慌；配合主班教师根据安全预案进行有序撤离。

家长：提前了解活动安全预案，在突发事件来临时不惊慌，根据安全预案有序撤离。

二、典型案例分析与解读

摇摇晃晃的"轿子"
------亲子运动会中的游戏安全问题

（一）案例描述

在开展亲子运动会的过程中，"抬轿子"的游戏开始了，教师说："各组准备好了吗？请大家注意安全，预备，开始！"豆豆妈妈和爸爸抬着豆豆全力向终点跑去，豆豆在"轿子"上，一边挥手，一边大声地呼喊："爸爸妈妈，加油！超过琪琪！"在旁边跑道的琪琪也对着豆豆大声喊："你超不过我，我爸爸妈妈跑得最快！"豆豆揪着爸爸的领子说："爸爸跑得再快一点！"随着豆豆的呼喊声，只见爸爸跑得越来越快，妈妈有些跟不上爸爸的速度了。这时，豆豆在"轿子"上已经开始前倾后仰，眼看就要达到终点了，妈妈一下子跪在了地上，把爸爸也拽倒了，两人拉着的手也松开了，豆豆也跌倒在地上，哇哇地哭了起来！

（二）案例分析

亲子运动会是幼儿园的传统活动，深受家长和幼儿的喜欢。但是运动的竞技性、大型活动的复杂性也会导致意外情况的发生。

1."比赛第一"成为亲子运动会中的主要目标，忽视了安全问题。

亲子运动会中，家长和幼儿都是兴奋的，他们对胜利的渴望会因为对方的加入而增强。一方面，幼儿会觉得爸爸妈妈会给自己带来帮助和力量；另一方面，家长也特别愿意在幼儿面前树立一种积极的榜样，展示自己的能力，争取获得最好的成绩。无形之中，幼儿之间就会在游戏过程中互相攀比，家长之间也会暗自较量，看重结果，而忽略了游戏中的安全问题。比如，在这个"抬轿子"的游戏中，如果豆豆不去和琪琪攀比，琪琪不说自己的爸爸妈妈跑得最快来刺激豆豆的父母，家长也有把孩子的安全摆在第一的意识，就会大大降低发生事故的风险。

2. 父母之间配合不好导致游戏中的安全问题。

在"抬轿子"这个游戏中，父母之间运动节奏和身体协调配合一致才能顺利完成游戏。父母因为身高不一样，速度也不同，没有很好地协调一致做到轿子平稳，没掌握好"抬轿子"的方法。在这种气氛热烈的运动游戏中，家长和幼儿都容易因情绪过于兴奋和高涨而造成手脚忙乱的情况出现，容易发生安全事故。

第五章·大型活动中的安全防护

3. 幼儿在游戏中自我保护的能力不强。

幼儿年龄小，动作的灵敏性和身体协调性较差，常常不能预见自己行为所具有的危险，游戏中他们又会非常投入，但是不能很好地掌握游戏的动作要领，所以游戏过程中多有意外发生。"坐轿子"的游戏玩法是搂着家长的脖子稳定坐好轿子，幼儿不能预见如果搂不住家长脖子失去支撑会摔倒这个后果，不能及时调整动作行为维护自身安全。

4. 家长对幼儿运动行为的安全性关注不足。

家长对幼儿运动游戏中出现的反常行为关注不足，没有对幼儿的行为进行及时有效的反应，造成一定的不良后果。比如，案例中豆豆松开了本应环抱在家长脖子上的小手，出现了身体前后倾倒的状态，而家长还在受活动氛围的影响只顾投入游戏当中，没有意识到这是孩子失去平衡要摔倒的信号，也没有做出"搂紧爸爸"等相应的安全提示，造成孩子在游戏中得不到及时的指导和帮助，也是导致最后摔倒的重要原因。

（三）出谋划策

鉴于以上所述，教师在组织亲子活动时，应在安全防护上有更多的提前思考，坚持防患于未然的原则做好各项工作。

1. 引导家长和幼儿正确对待运动会的输赢。

好胜心指的是一个人不满足于现状，力求超越自己、超越他人，争取更大成功的一种心理倾向。幼儿有好胜心是好事，但是在亲子运动会中，如果家长和幼儿只关注游戏的名次，一味想超过别人，那么这样的心理状态很容易在运动游戏中出现安全问题。

教师要关注并积极地引导家长和幼儿正视游戏输赢的问题。对幼儿，教师可以提前利用绘本《输了，没关系》帮助幼儿正确看待游戏中的输赢；对家长，教师需要提前将亲子运动会的游戏宗旨和家长进行沟通，让家长了解到，开展亲子运动会的意义不仅有益于亲子之间的感情交流，增强亲子之间的合作与互动，还能促进幼儿身体素质和运动能力的发展。在活动中家长可以更好地发扬体育精神，用更开阔的胸怀、更友好的合作、更良性的竞争来参与运动游戏，支持幼儿享受运动带来的快乐，而不以单纯的争夺名次为游戏目的。

2. 在游戏设计上突出安全意识。

教师可以创设适当的游戏情景增强运动的趣味性，降低运动的强度和速度，避免家长单纯为争夺名次而进行剧烈的运动。如在"抬轿子"游戏中，幼儿头上可以顶一个飞盘或沙包，在游戏中不能掉下来，这样既保留了幼儿喜欢的竞争情景，又降低了游戏中的竞争速度，同时还发展了幼儿的身体平衡能力，减少了亲子运动中由于求胜心过强所造成的安全隐患。

3. 做好充分的准备工作，提前了解游戏规则，练习相关技能。

在运动会前，教师以图文和视频等形式，向家长介绍游戏规则，鼓励家长和幼儿提前熟悉游戏，并将亲子游戏视频反馈到班级微信群中，促进家长之间相互交流，以确保运动会当天家长和幼儿了解运动游戏规则，避免造成安全问题。 教师提示家长提前思考在这个游戏中需要关注的安全要点。 在幼儿园里，教师要提前带领幼儿熟悉游戏规则和运动场地，提示幼儿在这个运动中需要注意的安全事项。

教师向家长推荐亲子运动小游戏，练习相关运动技能，增加亲子默契度。 如两人三足游戏，增强家长与幼儿之间的运动协调性；倒立捡物游戏，为家长和幼儿提供感受彼此身体力量的机会。

4. 通过讨论共同制定游戏规则，强化游戏安全意识。

群体活动需要有规则意识，而规则的遵守和执行得益于家长和幼儿的认可和熟知，如果家长和幼儿能充分理解规则的意义，就会减少安全问题的发生。 教师可以引导家长、幼儿通过积极参与、实际操作、亲身感知、实践改进的方法来制定游戏规则，强化安全意识。

（1）教师运用提问、抢答等形式引导家长和幼儿回顾游戏规则。

（2）组织家长和幼儿现场讨论，在运动游戏中需要注意安全的事项，如：哪里容易出现安全问题，为什么？ 我们怎样做才能保证安全地游戏？

（3）请出1~2组家庭进行现场示范，针对示范情况和重点问题，再次进行现场讨论。

5. 教师和幼儿一起为运动会制作安全提示图。

教师可以带幼儿一起就游戏中可能会出现的危险动作和行为进行讨论，引导幼儿理解这些行为为什么是危险的，应该如何避免，再引导幼儿制作游戏安全提示海报，进行安全教育宣传。 在制作过程中，教师要和幼儿一起带着问题展开交流和讨论，并通过图画、符号等形式进行表达表现。这样既实现了安全意识内化的教育目标，又可以将制作的安全提示海报粘贴在场地的醒目位置，提示幼儿和家长，在游戏过程中注意安全，实现安全教育的知行合一。

（北京市六一幼儿院　谢　怡　莘梦琦）

第二节　家长开放日活动中的安全防护

家长开放日活动是幼儿园开展的一项面向幼儿家长的活动，通过幼儿家长来园深入感受幼儿的生活环境，参与互动、观摩教学、聆听讲座等活动，让家长了解孩子在幼儿园的表现情况，了解幼儿园教师的教育教学特点，更好地实现家园共育，保证幼儿健康成长。

组织一次高质量的家长开放日活动，除了做好各项计划和准备工作以外，安全保障工作也是必不可少的内容。为确保家长开放日活动能顺利地开展，保证每名参与者在活动中的安全，我们要全面分析每个活动环节，及容易出现的安全问题，制定相应的防护措施，做好各项安全准备工作。

一、家长开放日活动中易出现的安全问题及防护措施

家长开放日活动时，幼儿因家长的到来而兴奋，有想在家长面前表现一番的欲望和行为，但因人员增多，场地拥挤，在幼儿之间和家长之间容易发生矛盾，由此带来一些安全问题，需要引起教师和家长的高度重视。

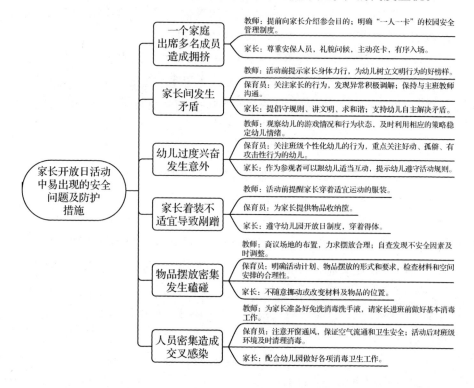

二、典型案例分析与解读

1. 座位风波

——开放日活动中家长纠纷引起的安全问题

（一）案例描述

在集体教学的家长开放活动中，一位家长突然站起身来，大声地说："你还有完没完，踢我椅子踢半天了，能注意点吗？"那位家长说："你哪儿那么多事，地方就这么小，我又不是故意的。""不是故意也不能老踢呀，要不你上前面来，我踢你试试。""你要怕踢，你出去，外面地儿大！要不往前点我能看见我们家孩子吗？"两位家长也越说越激烈，都站起了身，面红耳赤，这时候所有家长和幼儿的目光都被他们吸引了过去。教师急忙走过去说："两位家长都别激动，这么多孩子都看着，我们先克制一下自己的情绪。"这时，旁边的家长也急忙起身，帮忙劝阻。教师将两位家长的座位分开，这才暂时控制住了现场局面。

没想到，活动结束后，两位家长还在为座位的事情耿耿于怀，又找到了对方，在操场上发生了口角和肢体冲突，多亏保安及时到达了现场，制止了这次风波。

（二）案例分析

开放日每学期只有几次，相对来说机会难得，开放日活动能满足家长想看到自己的孩子在幼儿园的学习和游戏状态的心愿，家长都特别认真地录像记录活动，为孩子留下珍贵的童年瞬间。 但由于场地和空间的资源有限，家长也会发生一些不愉快，会带来相应的安全问题。

1. 场地空间设置不合理带来的安全问题。

班级开放日中，家长和幼儿人数较多，在摆放家长座椅时空间过于密集，导致前后距离过近，原本座位靠后的家长腿部空间就有限。 同时，家长为了看到自己家孩子的活动情况又会时常往前挪动，完全没有意识到自己影响了别人，直到前面家长情绪激动地提出意见，导致矛盾冲突的发生。

2. 活动前教师的前期准备不足。

首先，教师会更多地关注幼儿，忽略了家长参与活动的状态。 在这个案例中，教师在当天活动安排中没有考虑到家长的因素，也没有对当天有可能发生的情况做出预判，导致两位家长在发生矛盾初期没有被教师发现和关注到。

其次，在活动当天教师并没有就活动目的、流程以及场地安排与家长进行明确的沟通，也是引起家长之间相互不理解，造成冲突发生的安全隐患因素之一。

3. 教师对家长矛盾没有进行及时的疏导和调节。

幼儿教师可能会经历或耳闻目睹一些像案例中这样的家长矛盾，案例中被踢椅子的家长在发生冲突前就已经对另一位家长产生了不满的情绪，当场发生口角和争执的行为给其他的家长尤其是幼儿造成了非常不好的影响，在教师当场制止和旁边家长的劝阻下矛盾也只是暂时平息了。但教师并没有对矛盾接下来的发展走向有一定的预判，也没有在活动后对两位家长的情绪和矛盾进一步关注和调节，导致活动后家长继续怀有愤怒的情绪发生了更大的矛盾冲突。

（三）出谋划策

从上面的案例分析中我们可以看到，在家长开放日中，家长作为活动的参与者，也存在个体差异，在一定程度上影响了活动的正常进行，甚至带来了安全隐患。要避免上述案例中出现的问题，教师在组织家长开放日活动时，需要注意以下几点。

1. 场地空间规划要合理。

家长开放日活动中，班级环境场地有限。教师既要根据当天活动的具体内容合理安排幼儿的活动场地，确保幼儿活动的顺利进行，也要关注到家长的座位是否可以看到幼儿的活动过程。因此，将班级的空间做出合理的划分。家长和幼儿的座位要分开，避免互相打扰。

如果家长人数较多（30 人及以上），可以暂时将活动室的玩具柜靠墙，腾出更大的空间来安排家长的座位；教师可以根据当天的具体活动内容，将家长的座位进行合理安排。比如，安排在活动室的两侧、摆成"U"字形、分小组摆放或幼儿与家长同坐等方式。

教师还要关注座位与座位之间空间，座位之间的距离最好在 50 厘米左右。

2. 做有准备的教师。

在活动开展前，教师要与家长就当天的活动内容、目的以及场地安排进行详细说明，提出活动要求。

（1）引导家长知道拍照不是最终目的，要客观科学地观察幼儿的活动状态，了解幼儿的发展状况，以便有的放矢地教育帮助幼儿发展。

（2）班级活动场地有限，家长的座位比较密集，请家长相互理解和包容，确保幼儿活动的顺利开展。

在开放活动中，教师的分工要考虑到家长的因素，不仅要做好教学活动的计划，也要根据平时对家长不同性格和需求的了解，考虑到观摩活动中有可能出现的意外情况，通过教师之间合理分工合作做到对这两方面工作全面关注。如主班教师主要负责组织幼儿教学活动，保育员配合主班教师做好组织教学的活动，配班教师负责家长的组织工作，关注家长的需要和情绪。当发现有不适宜的行为和个别需求时，要及时给予关注和引导，保证观摩活动的顺利开展。

3. 教师要善于及时发现问题、解决问题。

在开放活动中，教师要会观察家长之间发生的问题和矛盾，要在问题出现后及时解决和疏导。教师可以在活动后与两位发生矛盾的家长做单独沟通。首先，教师要对双方家长想要关注孩子活动状况的心情表示理解，平复双方情绪，为更好的沟通做铺垫；其次，引导家长理解场地空间有限的实际情况；最后，教师对家长提出可操作性建议，鼓励家长用理智文明的方式解决此类问题，避免给孩子和班级活动的开展造成不良影响，最终达成相互谅解。

（北京市六一幼儿院　李雅楠　张媛媛）

2. 兴奋惹的祸
——家长半日开放活动中幼儿的行为安全

（一）案例描述

片段一：在一次家长半日开放活动中，幼儿在各区域自主游戏着，家长站在一旁关注着孩子的活动状态，由于家长的到来，壮壮今天显得格外兴奋，边玩边不停地回头和妈妈交流着自己的想法。当他起身要去小便的时候，也不忘回头跟妈妈招手，完全没有注意到从盥洗室跑出来的晨晨，当他看到晨晨的时候两人已经撞到了一起，来不及躲闪的晨晨被撞倒在旁边的墙上，哭了起来，壮壮也捂着头一脸委屈地看着妈妈。教师走过来提示壮壮说："在活动室里不要跑动，会有危险。"壮壮看了教师一眼，继续跑着扑进了妈妈的怀里。

片段二： 同样是在半日开放活动中，小石头和元宝在建构区搭建了一座城堡，他们兴奋地向家长介绍着自己的作品，元宝妈妈称赞着说："你们搭建得真漂亮，还能再搭一个吗？"小石头听到家长的称赞更加兴奋地说："我还想再搭建一座城堡呢，我再去拿些积木！"说完，小石头跑到积木柜前一下抱出来四五块儿积木，在转身的时候，其中一块儿掉落下来，砸到蹲在地上搭建围栏的元宝头上，妈妈心疼地捂着元宝被砸红的头，元宝的哭声更大了。

（二）案例分析

半日开放活动，是家长们非常喜欢的活动，但是作为教师在组织活动的时候是有很多担心和顾虑的，主要是因为在开放活动中，由于家长的参与，幼儿容易过度兴奋，出现不遵守常规的行为，因此容易发生一些小意外。

1. 家长开放活动时幼儿容易兴奋。

幼儿时期大脑发育不够成熟，神经系统的控制功能尚不完善，容易兴奋。 所以处于这个年龄段的孩子易冲动，冲动之下可能会忽视规则。

家长开放日活动人员增多，与日常环境相比产生变化，孩子们觉得热闹、新奇、刺激、热情高涨。 并且幼儿大多有较强的自我表现欲，喜欢做出一些举动引起家长的注意，想得到家长的认可。 因此在开放日活动中由于幼儿兴奋引发的此类安全事件时有发生。

2. 教师现场指导策略的有效性不足。

在家长开放活动中，教师不仅要针对孩子的活动进行有效的规划和指导，同时指导家长的工作也是非常重要的。 案例中教师针对孩子之间发生的碰撞问题给予了及时的提醒，但是由于家长在旁边，孩子并没有将教师的提示放在心上，而是置之不理地投入妈妈的怀抱，这时教师除了提示之外也没有更好的策略来调整孩子在活动室跑动的行为了。 显然，有家长在的情况教师只用语言提示幼儿的方法并没有起到很好的效果，那么幼儿不遵守规则的行为可能会继续发生，从而造成更多的安全意外。

3. 教师在现场指导幼儿时存在顾虑。

幼儿园教师在半日开放活动中，特别希望家长能够认可班级的各项工作和幼儿园的教育理念，而家长容易站在自己的角度来解读教师的指导行为，所以在面对幼儿不遵守规则的行为时，教师在现场指导幼儿的时候存在顾虑和压力。例如，幼儿一次拿了好多块积木，教师担心出现掉落积木砸伤情况，但是常常会欲言又止，担心自己说出来的话不够严谨，引起家长的不理解和误会。

（三）出谋划策

为确保幼儿园家长开放日的顺利开展，防止发生安全事故或在发生安全事故时，能及时有效地处理，教师应关注以下几点。

1. 针对幼儿情绪疏导的准备活动策略。

可以根据幼儿年龄特点的不同，采用相应的活动前准备策略，避免幼儿因过度兴奋而引发安全问题。

小班幼儿年龄小，对父母的依恋性很强，可以让幼儿和父母在活动前玩一些身体接触类的游戏，如抱一抱等，满足幼儿的情感需求。

对于中班的幼儿，教师可以采取"规则之星"的游戏形式，提前和幼儿一起讨论开放活动中的安全规则。在半日开放活动前，教师可以通过和幼儿的谈话活动，做好幼儿的安全提示工作。共同讨论家长参与幼儿园的活动时小朋友要做到的相互谦让、认真倾听老师要求、会合作游戏、遵守游戏规则等，让幼儿的表现欲有合理的引导方向，满足幼儿渴望爸爸妈妈看到最棒的自己的愿望。

大班幼儿有初步的自我管理意识，因此在活动中应该发挥幼儿是班级的小主人的作用。幼儿可以自己建立小组并推选小组长，当小组成员出现不当行为时，可以相互提示，避免危险发生。

2. 活动中通过适宜的策略引导幼儿参与活动。

案例中教师的语言提示对幼儿并没有起到很有效的作用，教师应通过多种方式引导幼儿在活动中注意安全。教师可以充分利用自己的表情、眼神或动作等肢体语言提示幼儿注意自己的不当行为；可以请一位教师重点关注和引导不遵守规则的幼儿，及时维护活动秩序。

3. 把家园共育引入半日开放活动中，充分发挥家长在开放活动中的教育作用。

第一，提前给家长做好温馨提示，如利用"致家长的一封信"、温馨提示等方式，告知家长当天的活动安排并要特别强调需要注意的教育配合与安全提示。

第二，活动前，教师可以小型家长会的方式，向家长说明活动中的注意事项和规则，理解幼儿遵守常规对于开放活动中幼儿安全的重要性。

第三，在活动时，教师可以根据幼儿表现及时与家长简单沟通孩子的行为，引导家长对孩子进行必要的规则提示。

家长不仅是参观者，更是一个教育者，是教师的合作者。教师应学会利用家长资源让教育活动更完满，而不是表演给家长看，让家长参与其中，承担一份责任，是家园共育的应有之义。

（北京市六一幼儿院　陈爱玲　田　菲）

第三节　大型游戏活动中的安全防护

大型游戏活动，是以游戏为载体开展的全园参与的集体活动，也是幼儿园庆祝"六一"的主要形式之一，主要以园内丰富的游戏活动为主。由于大型游戏活动材料丰富、游戏项目较多、游戏场地比较分散、人员密集，举办这样的大型游戏活动不可控因素较多。因此，安全问题要引起我们的特别重视，做到活动前有全面的安全预案、详细的人员分工、细致的安全部署、多样的安全教育；活动中应多方合作，部门联动，随时保持安全警觉，及时对幼儿进行安全提示。如果发生安全事故，幼儿园一定要严格按照安全预案应对措施，全力维护幼儿、家长的安全健康，绝不能存在侥幸心理。

一、大型游戏活动中易出现的安全问题及防护措施

大型游戏活动的安全问题至关重要，幼儿园要做到有安全预案，教师要做到心中有数。在活动中幼儿园要设置医疗救助站以应对突发情况，教师发现问题要及时干预，确保幼儿过一个欢乐祥和的节日。

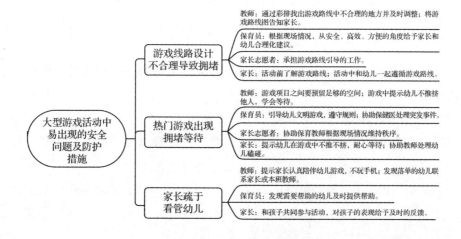

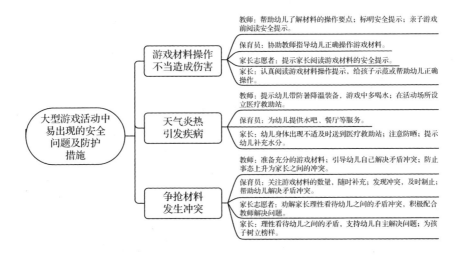

大型游戏活动中易出现的安全问题及防护措施

游戏材料操作不当造成伤害
- 教师：帮助幼儿了解材料的操作要点；标明安全提示；亲子游戏前阅读安全提示。
- 保育员：协助教师指导幼儿正确操作游戏材料。
- 家长志愿者：提示家长阅读游戏材料的安全提示。
- 家长：认真阅读游戏材料操作提示，给孩子示范或帮助幼儿正确操作。

天气炎热引发疾病
- 教师：提示幼儿带防暑降温装备，游戏中多喝水；在活动场所设立医疗救助站。
- 保育员：为幼儿提供水吧、餐厅等服务。
- 家长：幼儿身体出现不适及时送到医疗救助站；注意防晒；提示幼儿补充水分。

争抢材料发生冲突
- 教师：准备充分的游戏材料；引导幼儿自己解决矛盾冲突；防止事态上升为家长之间的冲突。
- 保育员：关注游戏材料的数量，随时补充；发现冲突，及时制止；帮助幼儿解决矛盾冲突。
- 家长志愿者：劝解家长理性看待幼儿之间的矛盾冲突，积极配合教师解决问题。
- 家长：理性看待幼儿之间的矛盾，支持幼儿自主解决问题；为孩子树立榜样。

二、典型案例分析与解读

锅碗瓢盆交响曲
———大型游戏活动中材料引发的安全问题

（一）案例描述

在庆"六一"的大型游戏活动中，教师为幼儿提供了声、光、电、力、磁等丰富的材料，供幼儿在游戏的过程中自由探索。其中"锅碗瓢盆"这个游戏是敲击各种悬挂起来的锅碗瓢盆，聆听不同器物发出的不同声音而自由创作节奏，非常受幼儿的欢迎。乐乐、小雪和琪琪沉浸在欢乐的游戏中，越敲越起劲儿，乐乐边敲边说："真好玩，我从来没玩过。"她的话引来了更多幼儿一起敲击，材料被幼儿敲击得前后摇晃起来，教师看到后走到幼儿身边提醒他们轻轻敲，遵守规则游戏。但当教师刚离开去指导别的游戏区时，孩子们又热烈地敲击起来，越来越兴奋，材料摇晃得更厉害了，突然"哗啦"一声，只见材料架压在了琪琪的身上，小朋友都吓坏了。

（二）案例分析

在大型游戏活动中，很多游戏材料是幼儿不经常接触的，教师会通过此类材料激发幼儿参与活动的兴趣。幼儿在和这些新材料的互动中，难免会发生意想不到的事情。在上面的案例中，主要体现了以下三种情况。

1. 幼儿对新游戏的盲目探索引发的安全问题。

案例中幼儿对敲击生活中锅碗瓢盆发出的不同声音有很高的热情，非常投入、兴奋地进行敲击，但没有控制力度的意识，还能从乐乐的表达中看出幼儿对新材料有很强的新鲜感，处于好奇、自由探索阶段。在体验不足的情况下，幼儿容易兴奋，并没有意识到大力敲击带来的安全隐患而导致此次事故的发生。

2. 材料在制作和设计上不够稳固。

案例中的"锅碗瓢盆"这个材料属于自制游戏材料，上面挂满了大小不一、轻重不同的锅碗瓢盆，整体呈上重下轻的结构形态，幼儿在玩的过程中越来越兴奋，没一会儿就吸引了很多小朋友前来敲击。他们越敲越用力，使得上面悬挂的材料更加不停摇晃，多方力量的相互作用致使这个不稳定结构解体。

3. 教师没有及时关注幼儿的活动状态。

教师在活动中关注幼儿的活动状态是确保幼儿的活动安全的重要前提，但在这个大型科技游戏活动中，由于场地较大、活动材料较丰富多样，案例中的教师并不能只在"锅碗瓢盆"的游戏材料旁关注幼儿的游戏状态，虽然教师提醒过他们，但当教师离开去关注其他区域的幼儿时，他们发生了更大的安全问题。

（三）出谋划策

游戏材料的安全性在大型游戏活动中起到至关重要的作用，教师应关注以下三点。

1. 活动前应充分熟悉和体验游戏材料，强调安全使用规则。

（1）提供适宜数量的敲击物，避免人数过多。

在游戏活动中，教师在尊重幼儿自己选择的同时，也要保证幼儿在游戏区的安全。教师可以在容易人多密集的游戏区，有目的地将材料数量进行控制。比如，把敲击锤调整为2～3个，满足3名以下的幼儿同时游戏，鼓励幼儿在游戏中轮流玩，而不是聚集在一个区域里，这样也避免了因参与人数多造成的拥挤和安全隐患。

（2）让幼儿提前了解游戏材料和游戏规则。

教师在活动开展前，可以将幼儿提前带到游戏场地，在认识游戏材料并交代游戏规则和玩法之后，组织幼儿进行体验，引导幼儿讨论在游戏中发现了哪些地方容易发生危险，为什么，我们应该怎样避免。请幼儿再次体验，教师重点关注情绪容易兴奋的幼儿，为他们提供更多的游戏体验机会，避免因体验不足造成安全隐患。

2. 关注游戏材料制作的稳固性、安全性。

活动时，教师考虑到材料安全，尤其是自制材料类，要关注其设计和制作的安全性，还需要反复地检验是否稳固。 比如，对于有悬挂物的材料，要确保悬挂物是否牢固；同时，悬挂物的重量和数量也要有科学严格的控制，确保安全稳固；对于高于幼儿身高的材料要加固底座的稳定性，从设计上消除游戏的材料安全隐患，保证幼儿顺利地参与游戏。

3. 教师要随机调整和指导幼儿游戏。

在游戏中，教师会有提前预设好的指导重点区域和目标，但在幼儿实际的活动中，也要根据现场幼儿的活动需求和状态进行随机调整。 例如：案例中，教师要关注不同游戏区域中的幼儿，但是当发现"锅碗瓢盆"游戏区聚集了较多幼儿时，教师应及时调整站位和指导策略，重点关注此区域中幼儿的游戏状态，及时提示并调整游戏规则，保证幼儿安全有序地参与游戏。

（北京市六一幼儿院　谢　怡　李雅楠）

第四节　外出演出活动中的安全防护

大型演出活动会走出幼儿园，选择音响、舞台效果、观众席位适宜幼儿表演的剧场开展演出活动，给幼儿搭建更适宜展示自我的舞台，营造亲子同庆、欢乐祥和的节日氛围，让幼儿体验当小演员和展示自我的快乐，这是深受幼儿喜爱的活动。

外出演出活动要高度重视安全保障工作。 在演出活动之前，教师们应预想演出活动中可能出现的问题，做好活动前的安全预案；在活动中，教师要互相配合，随时保持安全意识，做好各种突发性事件的应急处理，保障活动的顺利进行。 同时，教师还要注重日常对幼儿进行规范的安全教育，确保幼儿园演出活动圆满成功。

一、外出演出活动中易出现的安全问题及防护措施

外出演出活动涉及面广，有乘车、演出服装道具、演出舞台及防走失等各环节的安全。 教师要严格按照乘车规范要求幼儿，对相对陌生的演出场所要防止幼儿走失。 同时幼儿园要安排各环节都有专人负责，落实到人，全方位保障演出活动圆满成功。

外出演出活动中易出现的安全问题及防护措施

人员走散
- 教师：活动前开展安全教育活动，提高幼儿的安全意识。
- 保育员：活动前及时清点人数，做到心中有数；活动中随时关注幼儿走动情况，以防幼儿走散。
- 家长志愿者：了解活动的全过程和明确自己的任务职责。

上下车拥挤导致跌倒
- 教师：先上车，引导上车的幼儿找到座位坐好；及时清点人数。
- 保育员：在队伍的最后面，确保每名幼儿安全上车，无遗漏。
- 家长志愿者：协助做好幼儿上下车的安全工作。

未系安全带
- 教师：提出让幼儿系好安全带的集体要求，帮助幼儿系好安全带。
- 保育员：落实检查每名幼儿的安全带使用情况。
- 家长志愿者：落实检查每名幼儿的安全带使用情况。

行李掉落导致砸伤
- 教师：开车前，检查行李安全。
- 保育员：检查行李存放安全。
- 家长志愿者：协助做好行李安全存放。

开窗伸手、伸头
- 教师：开车前，做好禁止打开车窗的安全提示。
- 保育员：检查车窗落锁情况。随时关注幼儿的情况。
- 家长志愿者：检查车窗落锁情况。

晕车
- 教师：提前做好晕车幼儿登记，合理安排座位。
- 保育员：带好防吐必备用品，如晕车药、垃圾袋和卫生纸。
- 家长志愿者：重点关注易晕车幼儿精神状态。

车上打闹造成磕碰
- 教师：安排文静的与活泼的幼儿混坐；对幼儿提出乘车安全要求；关照所有幼儿。
- 保育员：坐在车尾座位处。
- 家长志愿者：坐前、中、后座位处，重点关注附近幼儿的乘车安全。

个别幼儿如厕
- 教师：知晓离队幼儿及人数。
- 保育员：保育员统计离队人数，配班教师带幼儿上卫生间。
- 家长志愿者：配合教师带幼儿去卫生间。

上下舞台跌伤
- 教师：带好照明设备，及时提示幼儿上下舞台注意安全。
- 保育员：站在上下台阶两侧保护幼儿上下台，并在队尾防止幼儿走散。
- 家长志愿者：在座位区负责看守班级物品。

道具砸伤
- 教师：演出前安全教育，提示幼儿在彩排中指定位置表演，不随意触碰舞台道具。
- 保育员：提醒幼儿上、下场时避开道具，以免被道具磕碰砸伤等。
- 家长志愿者：在后台等幼儿换场时提醒幼儿注意避开道具，确保幼儿安全。

二、典型案例分析与解读

小别针　大隐患
——音乐节活动中服装细节的安全

（一）案例描述

在庆祝"六一"儿童节的演出活动中，表演新疆舞蹈的幼儿马上就要上场了，果果在备场的时候，总是不停地往上提裙子。教师看到后帮她查看了一下，发现少了一颗扣子，就赶快找来一个别针帮她把裙子先固定好。随着音乐的响起，果果上台开始表演了。当舞蹈进行到一半的时候，教师发现她的动作变得不太舒展了，表情也变得不自然了。表演结束后，果果皱着眉头退下场，教师关心地询问："果果，你是哪里不舒服吗？"她指着衣服上别着别针的位置，说："我这里有点疼，一动就扎。"教师赶忙顺着果果指的位置一看，原来是裙子上的别针松开了。

（二）案例分析

幼儿的表演服装款式很多，有许多装饰物的服装实在招人喜爱，但这些款式繁多的服饰也存在很多的使用安全问题。

1. 教师在使用前期对服装的检查不够仔细。

幼儿园的演出服装是为方便全体幼儿使用而购买的，一般来说都是均码号，不一定适合每名幼儿的身材。与此同时，有的服装还存在使用年限久、使用频率过高等问题。这些因素可能会造成幼儿演出服装不合身。

在这个案例中，我们可以看到果果因为裙子上的扣子掉了，裙子穿着太松垮。教师虽然在上场前发现了这个问题，但已经来不及了。这就说明，在演出前，教师没有对服装细节进行相应的检查。假如教师可以提前发现扣子松动的问题，及时缝好扣子，也就不会出现使用别针来临时固定裙子的问题了。

2. 教师准备的演出服装材料不太适宜。

在幼儿园大型音乐或表演活动中，演出服的多样化和服装尺码的不太适宜情况时有发生，利用别针解决孩子服装不合适的问题是常用的方法，教师会觉得别针非常方便，又是短时间的使用，即便存在安全隐患，发生危险的概率也是很低的。但在实际的活动中，幼儿舞蹈动作的多样和幅度也是各不相同，无论发生危险的概率高低，都应该引起教师们的注意。

（三）出谋划策

在大型演出活动当中，对幼儿演出服装的安全性和舒适性要求都很高。教师在为幼儿提供服装时，需考虑以下几点。

1. 教师应提前检查幼儿的演出服装。

在演出开始前，教师要考虑幼儿的不同身材、身高的因素，为每名幼儿选择适宜的服装，并写上幼儿的名字做标记。在每次的彩排后，教师也要及时检查每件服装服饰是否有破损的情况，如拉链或扣子是否有损坏和丢失等问题。在正式演出前，教师要再着重查看、核对幼儿服装服饰是否完好，是否适宜幼儿演出。

2. 教师在选择备用材料时，要考虑安全性及适宜性。

案例中，果果临上场时发生了衣服纽扣脱落的意外事件，教师应提前思考上场前有可能发生的突发情况，在准备材料上应更加充足和适宜，以免措手不及。比如：

（1）准备一些针线，现场缝制一下服装；

（2）准备两套备用的服装，方便替换；

（3）准备一些可以粘贴的撕拉粘扣，便于临时固定服装。

总之，教师在准备演出服装服饰时，要把安全性和适宜性放在首位，以免对幼儿造成伤害。

（北京市六一幼儿院　赵　杰　郭进梅）

【安全目标】

1. 及时发现，及时救护。
2. 掌握常见的救护知识、方法，能够进行科学有序的施救。
3. 掌握幼儿意外事故的处理流程，救护有序。
4. 关注幼儿身心健康，科学护理恢复期幼儿，确保幼儿尽快康复。

幼儿意外伤害从流行病学角度理解，按照国际疾病分类标准（ICD-9），意外伤害包括交通伤、跌落、烧烫伤、锐器伤、碰击伤、砸伤、挤压伤、爆炸伤、咬伤、触电、中毒、异物伤、环境因素引起的伤害、溺水 14 种伤害类型。[1] 本章重点关注幼儿园意外伤害的常见类型。

第一节　鼻出血的认知与救护

小儿鼻出血的原因很多，是鼻科常见的症状。 鼻出血的部位多是在双侧鼻中隔前部的毛细血管网区，也叫黎氏区。 当鼻腔黏膜干燥、毛细血管扩张、有鼻腔炎症或受到刺激时就容易出现鼻出血。 夏天气候炎热、冬天室内干燥，小儿鼻出血的现象更多。 有的幼儿有抠鼻孔的不良习惯，鼻黏膜干燥时很容易将鼻子抠出血。 外部伤害也是幼儿鼻出血的一个主要原因，小孩顽皮好动，不小心撞到硬物，也有可能造成鼻出血。

一、鼻出血的表现

鼻出血因原因不同而表现各异，轻者仅表现为涕中带血，或鼻腔中有

---

① 李立明：《流行病学》，212 页，北京，人民卫生出版社，2007。

结痂血块而无血液流出，单侧或双侧鼻孔仅有少量血液从前鼻腔滴出。 出血时间短，有时不经处理可以自然止住；出血时间较长，不易简单止住。发生于鼻腔前部的出血，一般从前鼻孔流出，后端的鼻出血，往往从鼻孔流入咽部经口吐出，出血较为严重时，可以从鼻孔咽腔同时流出。 出血量大，速度快的时候，患儿可以有心慌、面色苍白、口渴、出冷汗、烦躁不安等，休克或者休克前症状。

二、典型案例分析与解读

好抠鼻子的乐乐

—— 幼 儿 鼻 出 血 的 处 理

（一）案例描述

午睡时间大二班的乐乐总是翻来覆去睡不着，喜欢敲敲床头，拍拍脑袋，还经常在午睡的时候抠鼻子。此时其他幼儿都渐渐入睡了，乐乐突然大喊一声："老师，我抠破鼻子了！"听到乐乐的喊叫，王老师赶忙走到他床边，乐乐用手捂着口鼻，鼻血不停地流出来，手指上也沾了一些血渍。王老师立即带乐乐去盥洗室清洗口鼻周围的血迹，想看看是哪只鼻孔出血了。简单地清洗后，教师用卫生纸帮乐乐按压在左侧出血的鼻翼处。可是不一会儿，鼻子又开始出血，于是王老师赶忙将乐乐送到了医务室。

经过保健医查体后，乐乐的一般情况(呼吸、心率、血压及精神状况等)较好，面色也比较红润，左侧鼻孔鲜血呈滴状流出。保健医让乐乐放松，身体前倾，并拿来冰袋敷在乐乐的鼻根处，拇指压住他的左侧鼻翼10分钟左右，乐乐的鼻血止住了。

（二）案例分析

幼儿鼻出血严格来讲是鼻科常见的一种症状，并不是疾病的名称。 在夏天气候炎热和冬天室内干燥的时节，鼻出血的现象较多。 幼儿鼻出血后普遍表现得惊恐、害怕，因此教师要掌握幼儿鼻出血的原因和表现，才能做出准确判断和采取急救措施。

1. 幼儿有抠鼻子行为导致的鼻出血。

有的幼儿有抠鼻孔的不良习惯，幼儿抠鼻子流鼻血的事件在幼儿园时有发生，天气干燥的时候鼻子吸进去的空气也会较干燥，会导致鼻黏膜干燥缺水，容易破裂出血。 当鼻黏膜干燥时很容易将鼻子抠出血。

2. 异物入鼻导致的鼻出血。

幼儿盲目的探索行为会把小玩具、小零件、花生碎等小东西塞入鼻腔，引起鼻出血。

3. 饮食不当引起的鼻出血。

长期挑食或饮食不合理、缺少维生素 C 或维生素 K、贫血等，容易导致凝血功能不好，引起流鼻血。

4. 疾病导致的鼻出血。

幼儿患有鼻炎、鼻窦炎，尤其是过敏性鼻炎时，因其鼻子痒、难受而反复擦鼻涕、揉鼻子，容易导致流鼻血。当幼儿血小板减少、患有血友病或者长期服用抗凝药物时，都容易出现流鼻血的情况。

（三）出谋划策

幼儿正处于对身体、五官好奇和探索的阶段，其中的鼻子比较脆弱。一日生活中，如果幼儿不注意个人卫生或自我保护，鼻出血的情况可能就会发生。教师需从以下几方面进行鼻出血的防护和处理。

1. 培养幼儿良好的卫生习惯，学会处理鼻出血的自救方法。

案例中的乐乐有抠鼻子的不良习惯，并且经常发生抠鼻子导致鼻出血的情况。教师要不断地提示幼儿注意个人卫生，知道清理鼻腔的正确方法是用纸巾擤鼻涕；教师还要引导幼儿学会一些处理鼻出血的自救方法：在鼻出血时，不要紧张，要用手捏住鼻翼，马上告诉老师或成人，请他们帮助自己止血，同时还可以用冷毛巾敷在鼻根处。

2. 教师需掌握正确处理鼻出血的急救方法。

①教师要安抚幼儿情绪并指导幼儿采取正确体位。让幼儿不要紧张，安静坐下或站立，教师帮助幼儿将头稍向前倾，不要后仰，避免血液流到喉咙里，出现吞咽和窒息，头后仰也不易观察出血量，会贻误病情。

②压迫止血，张口呼吸。教师用拇指和食指压住幼儿鼻翼两侧，或哪一侧流血就压迫哪侧。让幼儿张口呼吸，压迫 10 分钟左右即可止血。

通常不能用堵的方法，忌用纸卷、棉花堵塞。这样做的结果只能使得鼻腔黏膜，尤其是中隔黎氏区的黏膜更加糜烂，血管更加受创。正确的做法是用冷毛巾或冰袋冰敷鼻根部或额头部，通过使血管收缩的方式止血。

③若出血严重需及时就医。若幼儿有频繁的吞咽动作，要让幼儿把口水吐出来；若幼儿吐出的是鲜血，说明仍存在继续出血，应该尽快将幼儿送往医院，这是鼻后部出血；若幼儿经常发生鼻出血，家长应该带幼儿到医院做全面检查。

④止血后，2～3 小时内不做剧烈活动，避免再次出血。

3. 天气干燥时注意控制室内温、湿度并及时补充水分。

教师需关注季节特征，冬、春季节北方气候干燥，因此教师需要养成关注班级室内温、湿度的习惯，湿度过低时需要及时使用空气加湿器。 同时教师要提醒幼儿多喝水，多吃蔬菜水果及营养丰富且清淡、易吸收的食物，防止维生素 C、维生素 B_1、维生素 B_2 等缺乏。 幼儿在流鼻血期间不要吃热食或热饮料，以免加重出血。

4. 开展保护鼻子的教育活动。

教师可以针对本班幼儿常出现的鼻子问题，设计有关保护鼻子的活动，通过生动有趣的活动课件，让幼儿了解抠鼻孔、鼻子遭受强烈碰撞等情况会引起鼻出血的道理；教师也可以设计有趣的呼吸小实验，让幼儿在直接体验、亲身感受中轻松愉快地获得知识，了解鼻子的用处，增强保护鼻子的意识；教师也可请鼻子易受伤的幼儿谈谈自己的感受，当其他幼儿听到同伴的痛苦经历时，就会懂得不要轻易让鼻子受伤的道理，学会保护鼻子健康；教师还可以和幼儿一起阅读关于鼻子的绘本，如《不许抠鼻子》《我的五官体验书：嗅觉的秘密》等。

（北京市六一幼儿院　　郭文睿）

第二节　磕碰伤的认知与救护

磕碰伤是指孩子受到碰击时对身体所造成的伤害。 由于碰击力的大小及受到碰击的部位不同，患儿会有不同的症状。

一、磕碰伤的主要表现

1. 磕伤。

这种外伤往往发生在四肢或头部，如膝关节、小腿、肘、手等处。 虽然皮肤没有破损，但很快会在受伤部位出现青包或紫块。

2. 擦伤。

皮肤有轻微的破损，有时还有少量的渗血。 虽然伤口较浅，但因为是表皮损伤，所以痛感比较明显。

二、典型案例分析与解读

走路要小心
——幼儿磕碰伤的处理

（一）案例描述

小班幼儿入园不久，过渡阶段时，李老师让幼儿去小便。馨馨立马起身朝盥洗室跑去，还没等李老师提醒她慢点儿走，脚下一个踉跄摔倒在盥洗室门口，额头磕在了门框上。馨馨哇哇大哭起来，其他幼儿都围了过来，李老师和班级其他老师也赶忙过去查看馨馨的情况，只见她额头上有1厘米左右的皮肤裂伤和少量出血情况。

李老师带馨馨来到医务室，保健医为其查体：馨馨的呼吸、心率、血压等基本情况稳定。于是保健医给予馨馨额头伤口处消毒并敷料覆盖等基本处理后，保健医上报领导，并和班级教师一起送幼儿至附近医院诊治。

（二）案例分析

磕碰伤是幼儿在园发生率最高的意外伤害。除了案例中所描述的幼儿在班级中可能发生的磕碰，在游戏中的奔跑、打闹、推拉、被物体绊倒或意外从高处跌下时都有可能发生磕碰伤。这需要教师格外关注，并做好安全提示。

1. 刚入园幼儿常规意识较弱，着急做事，自我保护意识没有建立。

小班刚入园的幼儿还处于对周围环境熟悉的过程中，班级活动规则意识较弱，常常没有耐心听完教师的要求，或听到教师的指令后着急完成，容易跑着去做事。加之班级中的活动空间有限，易引发磕碰事故。

2. 幼儿身体发育不完善或不良的走路习惯易导致摔倒磕碰。

幼儿运动系统未发育成熟，加之有些幼儿营养不良、缺钙等原因，走路时腿部力量不够，容易摔倒；还有的幼儿有不良的走路习惯，如内八、外八、不抬脚走等，也是影响幼儿协调性的原因之一，容易在活动中出现摔倒磕碰的情况。

3. 幼儿喜欢走有挑战性的地方，易出现摔倒磕碰。

大多数幼儿走路喜欢蹦蹦跳跳，走一些拐弯、狭窄、高台等有挑战性的地方。但是由于学龄前幼儿身体发育还不成熟，肢体协调性弱，自我保护能力也较弱，容易引发磕碰伤。

（三）出谋划策

磕碰伤是幼儿活动时的常见现象，教育者要将可能发生意外的自我保护方法和应对技能教给幼儿，提前做好安全防范。

1. 引导幼儿学习正确的走路方法和姿势。

在日常生活中，教师要注意培养幼儿良好的走路习惯，基本做到抬头、挺胸、收腹、手脚协调，身体正直，排队走路时能基本做到步调一致，避免因为走路姿势引发安全事故。

2. 活动前教师要提示安全规则，帮助幼儿建立常规意识和自我保护意识。

磕碰伤一方面是由于幼儿缺乏常规意识和自我保护意识，另一方面是教师的安全规则提示不及时、不到位。因此在活动前教师一定要先说明活动规则，做完安全提示，再请幼儿去完成。活动过程中也要及时提示幼儿关注周围环境、自身和他人的安全，学会躲避危险，逐渐养成自我保护的意识和习惯。

3. 教师应掌握磕碰伤的正确处理方法。

①磕伤：对伤处进行冷敷。教师可以用冷毛巾或用毛巾包着冰袋，敷在幼儿的受伤处。冷敷可以减轻疼痛，还有利于皮下出血迅速停止。

②擦伤：首先，清洁伤口，立即用双氧水或生理盐水冲洗干净，防止引起伤口感染；其次，适当使用外用药。碘酒和酒精虽然消毒效果好，但对破损的皮肤刺激性较大，幼儿会感觉特别疼痛，可用碘伏替代。

4. 根据不同的伤情进行相应的处理。

轻微的伤口不必包扎，也不必贴创可贴，注意伤口结痂前不要沾水，以防感染；伤口较深，出血较多或伤口严重污染，不能清洗干净，马上去医院处理。

如果幼儿的碰伤症状较重，患处出现肿胀或活动困难，或碰伤的部位是头部或胸部，要持续观察 48 小时，尤其是当出现头晕、呕吐、意识丧失、耳鼻有淡黄色的液体或血流出时，必须立即将孩子送去医院救治。

5. 严格按照意外伤害事故流程处理磕碰伤。

教师要及时记录磕碰伤发生的情况及处理办法，记录包括事情发生的时间、地点及教师的签名，复制存档，并向幼儿的父母报告这些小冲撞和小损伤，及时报告，不忽视不隐瞒。

（北京市六一幼儿院　胡冠华）

第三节 中暑的认知与救护

中暑是在暑热季节、高温和（或）高湿环境下，由于体温调节中枢功能障碍、汗腺功能衰竭和水电解质丢失过多而引起的以中枢神经和（或）心血管功能障碍为主要表现的急性疾病。中暑分为先兆中暑、轻症中暑、重症中暑。

一、中暑的表现

1. 先兆中暑症状。

幼儿在高温环境下出现头痛，头晕，想喝水，身体出汗，四肢没有力气且发酸，注意力也会变得不集中，动作不协调，体温正常或有一点升高。

2. 轻度中暑症状。

这个时候幼儿的体温往往在38℃以上，头晕、口渴，面色红润，会大量出汗，皮肤也会灼热；或者出现四肢湿冷，面色苍白，血压有所下降，脉搏的频率变得很快这些表现。如果及时处理，可在数小时以内恢复。

3. 重症中暑症状。

这个时候幼儿会皮肤冰凉，出好多汗，还会恶心呕吐，瞳孔扩大，腹部或肢体发生痉挛，甚至出现昏厥，高热，意识丧失。因为这种情况最为严重，如果不及时救治的话将会危害到幼儿的生命，所以遇到这种情况的时候一定要及时送幼儿去医院诊治。

二、典型案例分析与解读

太阳公公热情高

----- 幼儿中暑的处理

（一）案例描述

秋季学期开学第一天阳光明媚，上午10时全体大班幼儿正在举行庄严的升旗活动。升旗仪式过半的时候，只见站在队尾的轩轩身体有些站不住了，开始烦躁，四肢摇摇晃晃，不断擦汗。天气炎热，张老师注意到轩轩还穿着外套，想去帮他脱掉，刚走到轩轩身旁，轩轩突然倒在张老师怀里。轩轩额头上大颗的汗珠流下来，嘴唇发白，身体无力。张老师立马将轩轩抱起送到了医务室。

保健医查体后发现，轩轩精神差，但呼吸平稳，皮温略高，血压、心率正常，初步判断轩轩是幼儿中暑的表现。于是保健医帮轩轩解开衣服，让他平躺在床上。张老师给轩轩端来淡盐水补充水分，几分钟之后，轩轩的症状逐渐得到了缓解。

（二）案例分析

中暑是高热反应，在暑热季节很常见，幼儿机体娇嫩，抵抗力弱，对环境反应敏感，极易出现中暑情况。

1. 天气炎热高温时，幼儿户外活动时间过长。

幼儿对周围环境气温变化适应性差，幼儿皮肤细薄，通透性大，如果在高温下暴露的时间过长，体温容易升高，引发中暑。

2. 夏季穿太多，未做好防晒措施。

幼儿缺乏自主调整衣物的意识，若家长没有给幼儿准备合适的衣服、帽子或穿着过紧，在炎热天气幼儿容易憋闷、难受，引发中暑。

3. 夏季出汗较多时没有及时补充水分。

天热时人的汗腺分泌明显增加，汗水在皮肤表面蒸发时可带走部分热量，但是幼儿汗腺不发达，数量少，且体内水分贮存也有限。如果户外活动没有及时补充水分，常常引发中暑、晕倒的情况。

（三）出谋划策

如果幼儿在室外中暑，一定要及时将幼儿转移到凉爽通风的地方，要给幼儿更换干爽的衣服，并进行物理降温。同时在高温天气，幼儿园也要做好预防幼儿中暑的各项措施。

1. 高温天气尽量避免进行长时间的户外活动。

夏季高温天气，幼儿园应及时调整幼儿户外活动的时间和形式。特别是升旗仪式等活动，幼儿需较长时间暴露在太阳下，皮肤易吸收辐射热导致中暑。幼儿园需选择活动时间、地点或搭建遮阳设施等。

2. 根据天气及时调整衣物，高温做好防晒措施。

夏季，教师、家长要为幼儿准备合适的衣物，不宜穿过多，衣着要宽松，戴好帽子，提前做好防晒措施。室外活动要尽量避免阳光直射头部，酷暑之日气温一般都接近或超过37℃，皮肤不但不能散热，反而会从外界环境中吸收热量，要关注幼儿衣服不宜过露。

3. 教师应掌握中暑的正确处理方法。

一旦发现幼儿中暑，应尽快把幼儿转移到阴凉通风处或电风扇下，温度适宜的地方能增加辐射散热，体温高者给予冷敷。 并将幼儿的衣服解开，帮助幼儿散热，保持呼吸通畅。 如果幼儿神志清醒，无恶心、呕吐，可饮用淡盐水、绿豆汤等，既能降温，又能补充血容量。 情况严重者应立即送往医院治疗。

安全小贴士 >>>>>>>>

预防中暑小知识

1. 如幼儿的衣服已被汗水湿透，应及时给幼儿更换干衣服，风扇不要直接朝身上吹。

2. 在幼儿意识清醒前不要让其喝水或进食。

3. 采取少量、多次饮水的方法，切忌狂饮不止。

4. 降温方式要温和，避免骤降。 如不应将中暑的幼儿立刻抱进温度过低的空调房，而是给幼儿吹风扇，或者将其转移到温度适宜的空调间内。

5. 保证幼儿充足的睡眠，合理安排作息时间，保持充沛的体能。

6. 科学合理的饮食。 多吃蔬菜、水果及适量的动物蛋白质和脂肪，补充体能消耗。

7. 提前做好防晒措施。 室外活动要避免阳光直射头部，避免皮肤直接吸收辐射热，戴好帽子，衣着宽松。

8. 衣服不宜过露。 酷暑之日，最高气温一般会接近或超过37℃，皮肤不但不能散热，反而会从外界环境中吸收热量。

（北京市六一幼儿院 田 颖 郭文睿）

第四节 骨折脱位的认知与救护

骨折是指骨结构的连续性完全或部分断裂；凡关节遭受外力作用，构成关节的骨端关节面脱离正常位置，引起功能障碍者，称为外伤性脱位，简称脱位。

一、骨折脱位的表现

1. 幼儿受伤后面色苍白、出冷汗，局部有疼痛和压痛感，活动后疼痛有所加重。

2. 受伤局部明显有肿胀，或有外形改变，幼儿哭闹不止。

3. 受伤部位出现部分或全部的功能丧失。

4. 受伤严重时肢体出现畸形，如短缩、扭曲、旋转等。

5. 幼儿移动受伤部位可听到骨断端的摩擦声。

在游戏中，幼儿有牵拉动作，且突然喊疼痛，拒绝别人移动其肘部；不肯用患侧手拿取物品或上举活动；试着前后旋转肘部时因疼痛而啼哭；肘关节常表现轻度弯曲，手心向下旋垂于胸前，但表面无明显变化，要想到有桡骨小头半脱位的可能，应及时去医院检查。

二、典型案例分析与解读

户外活动的意外
——幼儿骨折的处理

（一）案例描述

户外拓展营是大班幼儿最喜欢的游戏场地，5岁的大圣高高壮壮，每次来拓展营游戏都格外兴奋。下午户外活动时大圣和辰辰在攀爬网周围奔跑游戏，辰辰大喊："呼叫大圣，目标已发现，速来基地！"大圣呼应着辰辰的召唤，转身跑向攀爬网中间的空地，却没有注意到对面方向跑过来的大泽，两人撞倒在地，大圣的手肘触地，疼痛让大圣大哭不止。

保健医查体后发现，大圣的左臂不能抬起，肘上部轻微肿胀，肢体无畸形。保健医立刻上报园区负责人，与班级教师一同带领大圣到附近医院诊治。经拍片医生判断骨折，建议到专科医院进一步检查。经专科确诊为"左肱骨髁上骨折"，给予模具夹板固定，一周以后复诊。

（二）案例分析

户外活动因为场地空间开阔，孩子移动迅速、动作幅度大，情况复杂，存在的危险因素较多，案例中的情况是碰撞跌倒后造成的骨损伤。

1. 幼儿攀爬、跑步、轮滑等活动都潜伏着发生骨折的危险。

幼儿在参加丰富多样的户外活动时喜欢爬上爬下、冲跑，若抓握不牢或不注意躲避都可能有引发骨折的危险。大圣在游戏中，没有观察到周围同伴的活动，才引发相撞摔倒骨折的安全事故。

2. 幼儿的骨质脆弱，生长发育尚未完成。

由于幼儿骨骼脆性较高，且其生长发育尚未完成，所以一些特殊的生理结构处容易发生骨折，像肱骨髁上、桡骨远端等。

3. 户外活动前未做好充分热身。

户外活动前没有做充分的热身活动，身体关节必然有些僵硬，活动中容易抽筋，增加受伤的概率。

（三）出谋划策

幼儿的活动是保证机体健康的重要方式，如何发挥活动的锻炼作用，避免活动中的伤害，是有法可循的。

1. 户外活动前要组织幼儿热身，保证运动的安全性。

户外热身可以帮助幼儿提高肌肉的温度，缓解身体的僵硬感，能让身体更加轻松地摆出姿势，防止身体受到伤害。 户外活动前应充分做好热身运动，不进行危险度高的游戏。

2. 有危险性的游戏要做好安全防护措施。

幼儿在玩滑轮、溜冰时应戴护膝、护踝和头盔，做好全面的保护措施。户外分散游戏中教师要做到"放手不放眼"。

3. 发生骨折时应正确做好固定，并及时到相关医院进行救治。

送往医院前固定患肢。 固定范围应包括骨折上、下两个关节；固定过程中应尽量减少肢体的活动；开放性骨折若骨折端突出伤口外，不能纳入伤口内，在固定之前先用无菌纱布覆盖开放伤口。 如现场没有医用固定工具，紧急情况下可就地取材，使用木夹板、硬纸板、书本杂志、布条、头巾等作为固定工具。 搬运时避免进一步损伤，及时送往医院治疗。

安全小贴士 >>>>>>>

骨折的护理要点

1. 骨折后，应补充丰富的蛋白质、维生素和矿物质。

2. 对于发生过骨折的幼儿，教师要心中有数，活动中多加关注。

3. 去除骨折外固定支架后，此时的护理要格外小心，以防再次受伤。 此时骨折愈合尚未牢固，易出现再发骨折。

（北京市六一幼儿院　田　颖　郭文睿）

我的胳膊又掉了
——幼儿关节脱位的处理

（一）案例描述

小班的果果在 2 岁的时候发生过一次肘关节脱位，自此之后便常常发生肘关节习惯性脱位。上了幼儿园，教师格外注意果果在活动中的安全。一天早晨活动区游戏时，班里的朵朵想要拉他去建构区搭建，不料就是这一拉的动作，让果果又一次肘关节脱位。果果疼得直喊老师："我的胳膊又掉了！"张老师知道果果肘关节习惯性脱位的情况，一边安抚果果的情绪，一边轻轻地托着果果的胳膊，将他送到医务室。

保健医查体后发现果果关节略肿胀，处于半屈状态，屈伸活动受限。于是立即和班级教师将果果送至专科医院治疗。

（二）案例分析

幼儿的关节、韧带和肌肉还处在发育阶段，稳定性和保护性都较差，小儿关节脱位是幼儿常发生的损伤。

1. 骨骼发育不成熟。

小班年龄段的幼儿肘关节脱位的案例时常发生。从幼儿的生理原因来讲，因为幼儿尚处在发育阶段，所以桡骨上端还不成熟，桡骨小头部分太小，在关节内的活动程度会很大。这就造成了环状韧带松弛，韧带对骨头的包裹束缚能力相对较弱，相比发育完全的成年人，从生理上较容易脱位。

2. 幼儿缺乏对关节保护的意识和能力。

由于幼儿并不知道身体较为薄弱的部位有哪些，游戏中常常相互拉拽，无轻重，缺乏自我保护的意识和能力。

（三）出谋划策

幼儿肘关节脱位多发生在 2～4 岁这个年龄阶段，生活中的某些细节也会引发关节脱位，看护者平时一定要注意。

1. 游戏和生活中对幼儿做好身体防护的安全提示。

在游戏前，教师应提前告知幼儿在游戏中应该注意的安全事项。提示幼儿游戏过程中切勿相互使劲拉扯，对发生过关节脱位的幼儿，教师要心中有数，多加关注，并叮嘱其他幼儿不要牵拉该幼儿的手臂。

2. 一日生活中避免猛力牵拉幼儿。

在日常生活中，无论是帮幼儿穿衣服，还是牵手等动作时，教师都应尽可能注意避免猛力提拉幼儿的胳膊。 若不慎发生脱位时，不要乱动脱位关节，须立即将脱位肢体进行适当固定后送往医院。

3. 关节脱位要及时发现及时救治。

幼儿发生关节脱位后最好在2～3小时内让关节恢复原状，时间太久，周围的组织就会肿胀，复原就困难。 且关节脱位的部位会压迫神经，拉长的韧带以及肌肉会让幼儿一动就痛。 所以应及时就医，由专科医生进行复位处理。

4. 家园合作，共享幼儿健康信息，预防幼儿脱位情况的发生。

幼儿一旦发生过脱位，就可能多次反复地发生。 如有脱位病史的幼儿，跟幼儿玩耍或是进行身体接触时，一定要避免用力牵扯容易脱位的部位。 对于入园前发生过关节脱位的幼儿，家长一定要提前告知班级教师相关情况。 教师要对这些幼儿做到心中有数，特别关注，及时提醒，尽量避免类似情况再发生。

（北京市六一幼儿院　田　颖　郭文睿）

第五节　异物入体的认知与救护

异物入体主要包括眼内异物、气管异物、外耳道异物、咽部异物和鼻腔异物等。

一、异物入体的表现

1. 眼内异物。 眼内异物在日常生活中很常见，多因灰沙、飞虫落入眼中所致。 当异物入眼时，幼儿会感觉有异物刺激，感到疼痛，睁不开眼，流泪不止。

2. 气管异物。 当幼儿将小物件如纽扣、珠子等放入口中，或在进食时说笑哭闹而做呼吸动作，由于喉的保护性反射较差，可能会将这类异物吸入气管，造成气管异物。 异物进入气管后，窒息的幼儿通常会用手捂住喉咙，无法呼吸或呼吸困难，不能说话。 常有剧烈的刺激性呛咳、作呕、面色发紫等症状出现。 一旦发生气管进入异物，要及时进行救治。

3. 外耳道异物。 小而无刺激性的非生物性异物可不引起症状，异物越大、越接近鼓膜，症状越明显。 活的动物性异物可爬行骚动，引起剧烈耳痛和噪声。 豆类等植物性异物如遇水膨胀，可阻塞外耳道，引起耳闷胀感、耳痛及听力减退，并可继发外耳道炎。 锐利坚硬的异物可损伤鼓膜。异物刺激外耳道、鼓膜可引起反射性咳嗽或眩晕。

4. 咽部异物。 常为细小的异物，易刺入组织内或隐藏于不易查之处。症状因异物种类及刺入部位不同而异。 常自觉咽喉刺痛，吞咽时加剧，多不能转动颈项，幼儿能指出疼痛所在部位。

5. 鼻腔异物。 幼儿常将异物放入鼻腔，常见的异物有花生米、豆类、小物件等。 鼻腔异物可引起幼儿鼻塞、流涕、打喷嚏，异物长期存留在鼻腔，鼻腔黏膜溃烂感染，发生鼻炎。

二、典型案例分析与解读

异物入体莫慌张

—— 幼儿异物入体的处理

（一）案例描述

1. 眼内异物

夏季户外活动时，中班的幼儿正在操场后面的小山坡上奔跑嬉戏。佳佳突然停下脚步揉眼睛，赵老师来到佳佳身边，佳佳哭起来并喊道："老师，眼睛疼！"赵老师连忙阻止佳佳用脏手揉眼睛，佳佳不停地流泪且睁不开眼。赵老师立即送佳佳去医务室。

经过保健医查体后发现，佳佳的左眼不能睁开，一直流泪且结膜充血，角膜边缘处可见一只黑色小飞虫。于是保健医用消毒棉签蘸生理盐水，将异物轻轻擦去。佳佳的眼部症状逐渐缓解。

2. 鼻腔异物

汤圆今天得了刘老师的小奖励： 一枚闪闪发亮的小钻石贴纸。美工区游戏的时候，汤圆不停地问其他幼儿自己的钻石贴纸好看吗，时不时要压一压贴在衣服上的小钻石，生怕掉下来。活动结束后，刘老师见汤圆坐在椅子上一动不动，便问汤圆怎么了？汤圆小声说："我不小心把贴纸放进鼻子里，拿不出来了。"

刘老师马上查看了汤圆鼻腔的情况，发现右侧鼻腔里确实能看到一块异物，鼻腔没有出血。于是刘老师用手指压住汤圆的左侧鼻孔，教汤圆用嘴深吸一口气然后用力用鼻擤出，反复几次后异物被擤出。

3. 咽部异物

乐乐非常喜欢吃鱼，今天幼儿园午餐吃鱼，乐乐兴奋不已。陈老师仔细和幼儿讲解吃鱼时要先将鱼肉掰开，剔出鱼刺再吃，吃的时候感觉还有鱼刺时，要慢慢吐出，饭和鱼不要混在一起吃。乐乐开心地吃着鱼，突然使劲咳起来，并且说："老师，我嗓子疼，好像扎鱼刺了。"

陈老师赶忙带乐乐去了医务室。保健医查体发现乐乐咽部左侧扁桃体上可见一根鱼刺扎入。于是一名保健医站在乐乐后面固定头部，一名保健医用压舌板压住乐乐舌头的前部分，在亮光下用长镊子夹出鱼刺。过程中乐乐咽部反射强烈，恶心剧烈难以配合，保健医让乐乐做哈气动作，以减轻不适，最后取出。

（二）案例分析

异物入体是幼儿成长过程中的常见事件，但严重时可危及生命。

1. 幼儿缺乏安全常识造成的异物入体。

幼儿对环境和物品的潜在危险的判断能力不足，在好奇心驱使下的探索行为致使的安全隐患。 例如，案例中的幼儿将贴纸放入鼻腔，快速吃鱼不良的进餐习惯等。

2. 意外造成的异物入体。

一些不可抗拒因素造成的异物入体，如风沙眯眼、虫子爬入耳朵等意外事件的发生。

（三）出谋划策

日常生活中，不少家长并不了解幼儿异物入体的急救方法，看到孩子吞食异物后，病急乱医或存侥幸心理，想当然地采取一些方法，或者盲从网上的一些方法。 如果处理不当，往往会使异物更深或造成并发症使病情恶化。 异物的种类、性质和大小不一样，处理的方法也不一样。 发现幼儿异物入体后，最好的办法是第一时间到医院进行检查，确定异物的位置及采取恰当的处理方法。

1. 教师应掌握异物入体的正确处理方法。

①眼内异物。 处理眼内异物，不能用手揉擦，可让幼儿眨眼，利用泪水带出，也可用温水或蒸馏水冲洗眼睛，还可翻开上下眼睑，找到异物后，用干净的棉签、纱布蘸少许生理盐水轻轻擦去。

②气管异物。 气管异物的急救方法有很多，如挤压腹部法、海姆立克急救法、拍打背中部法等，要视情况选用适当的急救方法。

海姆立克急救法：救护者在幼儿背后，救护者手臂环抱幼儿躯干；双手放于幼儿肚脐和胸骨间，一手握拳，一手包住拳头；双臂用力收紧，急速冲击性地向上后方用力推压，使膈肌挤压肺，产生气流，将气管异物冲出；反复有节奏有力地进行，使形成的气流把异物冲出。

如果患儿已经意识丧失，让其平躺在地上，双手手指并拢叠放，掌根放在腹部，迅速用力挤压，直到异物吐出或医护人员赶到。

③外耳道异物。 合作的幼儿可将头歪向异物侧，单脚跳，让异物自行脱落。 也可用小镊子取出，取异物时一定要将幼儿头部固定，以免乱动损伤鼓膜。 对动物性异物（如异物是小虫子）可用手电诱其自行爬出。 异物若取出困难，应立即送往医院由专科医生取出。

④鼻腔异物。 要冷静、耐心地做好幼儿的工作，使其能够合作。 如幼儿将异物塞入一侧鼻孔，可用手压住另一侧鼻孔，让幼儿用力向外擤，使异物随气流冲出。 若异物置入较浅，可轻轻取出。 对于无法取出的鼻腔异物，不要强行取出，以免损伤鼻腔或形成呼吸道异物，而是应设法劝阻幼儿哭闹，引导幼儿改用口腔呼吸，随后迅速将其送医院治疗，请专科医生取出，以免异物被吸入气管。

⑤咽部异物。 口咽部异物，如扁桃体鱼刺，可用镊子夹出。 必要时到医院取出。

2. 为幼儿提供适宜的玩具。

有些幼儿喜欢将小玩具含入口中或鼻腔内。 成人应根据幼儿的年龄特点为幼儿提供适宜的玩具，避免选择过小、尖锐或可能吸入气道的玩具。

3. 及时纠正幼儿的不良习惯，避免异物入体。

有些幼儿有把小物品放入口中的习惯。 例如，有些幼儿喜欢把玻璃球含在嘴里玩儿，或者在和布娃娃玩儿的时候，会将纽扣咬下来，并把纽扣含在嘴里，稍有不慎，就会误吞下去，卡在气管里。 有些幼儿对回形针、棋子等小东西好奇，若含在口中或放进鼻腔，后果不堪设想。 因此成人要有意识地教育幼儿不要把小物品放入口中。 此外，在进餐时，成人不要训斥、惊吓幼儿，不要与幼儿逗笑，避免异物入体。

4. 教育幼儿知道异物入体的危害及自救方法。

通过视频、图片、小实验等方式教育幼儿异物入体的危害。 同时也要告诉幼儿，若不小心异物入体，必须马上求救。 比如，有的幼儿吞下了异物，却因为害怕大人的责骂而隐瞒不说，因此贻误了抢救的最佳时机。 成人要告诉幼儿："万一不小心吞了下去，立刻告诉爸爸妈妈、老师，如果身边没有人，不要慌，可以向邻居求救，或者拨打急救电话。"

安全小贴士 >>>>>>>

异物入体的注意事项

1. 眼内异物切不可让幼儿揉搓眼睛，以免损伤角膜。注意用眼卫生，防止交叉感染。注意休息，遵医嘱定期复查。

2. 异物入耳切记不可自行抠、挖，以免将异物推向耳道深处，损伤外耳道及鼓膜。若是昆虫入耳，可在耳内滴少许食用油以应急，然后速去医院处理。

3. 对圆形光滑异物，如豆类、玻璃珠等，切忌随意用镊、钳夹取，以免将异物推向深部。豆类等植物性异物忌用水灌冲，因为遇水后发生膨胀，更不易取出，引起感染。

4. 骨头渣、鱼刺、枣核等扎在嗓子上，忌用馒头饭团等吞下，否则会引起局部损伤。

（北京市六一幼儿院　田　颖　郭文睿）

第六节　惊厥的认知与救护

惊厥是小儿常见的急症，尤多见于婴幼儿，表现为突然的全身或局部肌群呈强直性或痉挛性抽搐，常伴有意识障碍。小儿惊厥的发病率很高，5%～6%的小儿曾有过一次或多次惊厥。惊厥频繁发作或持续状态危及生命或可使患儿遗留严重的后遗症，影响小儿智力发育和健康。

一、惊厥的表现

惊厥发作时典型的表现为突然意识丧失，两眼球上转成斜视或凝视状，全身或局部（四肢或颜面肌肉）不自主抽动，呼吸暂停，发绀，发作时间多在3～5分钟，有时反复发作，甚至呈持续状态。部分幼儿大小便失禁。

二、典型案例分析与解读

高热惊厥莫慌张

------幼儿惊厥的处理

（一）案例描述

涵涵出生以来就体弱多病，由于父母工作很忙，涵涵入园就被安排到了寄宿班级。3 岁之前涵涵发生过一次高热惊厥的情况，班级教师也知晓。一天中午午睡时杨老师正在巡视，看到涵涵的小脸蛋儿红红的，身体发热，立即给涵涵量体温，38.6℃。突然涵涵开始出现意识不清，牙关紧闭，双眼斜视，四肢抽动的情况，年轻的杨老师虽然对此有所了解但也被惊吓到了，一时不知所措。涵涵抽动三四秒钟后自行缓解下来，杨老师立即请医务室保健医来到班级，先给涵涵口服退烧药，并送医院就诊。

（二）案例分析

高热惊厥具有突发性，病情表现极端，会给师幼带来恐慌情绪。

1. 幼儿病情发展迅速。

涵涵在午睡时身体发热，教师发现后立即测量体温，显示高烧，几分钟内涵涵的脸色越来越红，紧接着出现了双眼上翻斜视、眼部、面部、手足部肌肉抽动的情况。结合该幼儿有高热惊厥史和体温的快速上升的情况，初步判断幼儿的表现是高热惊厥。

2. 教师没有对患儿进行应急处理。

案例中，教师虽及时发现幼儿的发热及惊厥的情况，但是处理不力。教师没在第一时间给予患儿帮助和处理，而是去请保健医，可能延误对幼儿的救治。

（三）出谋划策

惊厥频繁发作或持续状态危及生命或可使患儿遗留严重的后遗症，影响幼儿的智力发育和健康，所以及时抢救是关键。

1. 对现场的处置。

幼儿出现惊厥状况时，教师要让患儿保持安静，侧躺，避免因呕吐引起窒息，还要注意不要让其他幼儿吵闹，使患儿在安静的环境中休息。

若幼儿在班级中出现惊厥而引发其他幼儿的恐慌和讨论，班级教师要相互配合，做好应急处理，同时疏散其他幼儿。切勿围观，处理后教师要面向全体幼儿开展谈话活动，为幼儿解释患儿的情况，引导幼儿正确看待惊厥现象。

2. 教师需掌握幼儿惊厥发作时的应急处理方法。

将患儿侧卧或头偏向一侧，防止呕吐及误吸，解开衣领，及时清理口腔分泌物，保持呼吸道通畅，有条件的可立即给予吸氧。一般情况下小儿高热惊厥 3～5 分钟即能缓解，惊厥停止后服用退烧药或物理降温，并立即护送医院治疗。

3. 惊厥发作的注意事项。

勿强力按压或牵拉患儿抽搐的肢体，避免骨折、关节脱位。不可在惊厥发作时给患儿灌药，以免误入气管发生窒息。惊厥停止后，应立即将患儿送往附近的医院，做进一步检查，及早查明原因，针对病因进行治疗。

（北京市六一幼儿院　田　颖　郭文睿）

第七节　烫伤的认知与救护

高温烫伤是由无火焰的高温液体、高温固体或高温蒸汽等所致的组织损伤。烫伤不但有高温烫伤，还常见低温烫伤，低温烫伤又可称为低热烫伤。低温烫伤一般是指损伤皮肤的温度低于 70℃，当皮肤接触 70℃的温度持续 1 分钟，可能就会被烫伤；而当皮肤接触近 60℃的温度持续 5 分钟以上时，也有可能造成烫伤。

一、烫伤的表现

烫伤的程度，一般分为三度。

1. 一度伤。

一度伤。烫伤只损伤皮肤表层，局部轻度红肿，无水泡，疼痛明显。

2. 二度伤。

二度伤。 烫伤是真皮损伤，局部红肿疼痛，有大小不等的水泡。

3. 三度伤。

三度伤。 烫伤是皮下，脂肪、肌肉、骨骼都有损伤，并呈灰或红褐色。

二、典型案例分析与解读

烫伤不容小视

------烫伤的处理

（一）案例描述

冬季的一天早晨，赵老师来到开水房接热水，由于没有开灯，光线不足，在接开水时水溢出，不慎将脚面烫伤。赵老师立即将脚放在自来水下冲约 20 分钟，之后小心脱去袜子，继续在凉水中浸泡了 5 分钟，然后到医务室。经保健医查体后发现：烫伤面积约 3 厘米×4 厘米，可见三个小泡，于是给予局部消毒，用药膏涂抹表面，消毒纱布覆盖。

（二）案例分析

在幼儿园发生幼儿烫伤的情况比较少，如果发生幼儿烫伤，基本是违规操作的责任事故，需要始终加强教师安全操作的意识和行为。 案例中教师被烫伤的情况是一种警示。

1. 幼儿烫伤的主要原因。

幼儿好动、好奇心强，对危险因素的认知能力不足，缺乏自理和自我保护的能力，不懂烫伤的后果和危害。 总结生活中常见的幼儿烫伤情况，如幼儿开饮水机烫到胳膊、拉桌布把热汤打翻、碰倒热水瓶等。

2. 成人的忽视造成的烫伤。

如案例中的描述，打开水时没注意照明，在看不清楚的情况下极易发生水溢出烫伤的现象；还有家长帮幼儿洗澡时先放热水，水温没调好，幼儿就坐了进去；家长随意放置热水瓶，幼儿没看到地上的热水瓶，绊倒坐在热水里，等等。 这些都是在不经意间发生的，因此成人必须高度重视。

（三）出谋划策

幼儿在遇到危险时缺乏及时闪躲的能力，家长和教师要时刻留心身边的潜在危险。 日常生活中发生烫伤，与父母、教师的疏忽密切相关。 为了有效地预防烫伤，成人需要具备预防烫伤的安全意识，并且掌握出现烫伤的正确处理方法，将安全事故的危害降到最低。

1. 根据幼儿年龄特点开展防烫伤安全教育，提升幼儿的安全意识。

幼儿对烫伤危害的认识不足，教师可收集一些皮肤烫伤的图片和容易造成烫伤的高温设备图片，帮助幼儿了解烫伤对身体的危害，讨论生活中可能会烫伤我们的物品和情景，教育幼儿不玩火，远离热源，包括火炉、灶台、开水房等危险的地方。

2. 教师需掌握正确处理烫伤的急救方法。

一是冲：立刻用冷水冲洗。 烫伤后立即在自来水龙头下冲洗或浸泡30分钟左右，以降低烫伤部位局部温度，减少创面的进一步损伤，减轻疼痛。

二是脱：小心脱去衣物。 如果幼儿穿着衣服被烫伤，不要急着脱衣服，应迅速用冷水由衣服表面冲下，或者将患部直接放入盛满凉水的浴缸里，等冷却后再小心脱掉衣服，或用剪刀剪开浸湿的衣裤。

三是泡：如果只是小面积的烫伤，可在一盆冷水中浸泡半小时左右，以便缓解疼痛，稳定幼儿情绪。

四是盖：用消毒纱布或干净毛巾等覆盖烫伤处。

五是送：及时送医院进行处理。

3. 生活中的热水电器要收纳在安全稳妥的地方，注意用水温度适宜。

生活中的家用电器、屋内电源插座及开关应置于高处，热水瓶、开水壶、热粥、热汤锅应放置在幼儿碰不到的稳妥地方。 幼儿洗脸、洗澡前要调节水温，应先放冷水再加热水，且加热水时不要过快，避免过烫。 此外，还要注意幼儿饮用水的温度，要在幼儿喝水前几小时将开水灌入饮水保温桶内，桶盖不要盖严，水温保持在 35～40℃即可。

4. 幼儿饭菜温度要适宜，放置地点要安全。

幼儿食堂人员要注意饭菜的温度，刚烧好的饭菜要在食堂放置一段时间（时间长短视季节而定）再送进班，不烫后才能让幼儿进餐。 送饭进教室时，要注意将热汤、热锅放在幼儿不易触碰到的地方。

安全小贴士 ﹥﹥﹥﹥﹥﹥﹥

烫伤的注意事项和后期关注

1. 处理烫伤的动作一定要轻柔，如果幼儿因疼痛不配合脱衣服，可用剪刀小心剪开；若有部分衣服粘在皮肤上，千万不可强行脱下，应等待医生处理。

2. 不要给幼儿涂抹任何东西。 不可在伤处盖棉花或有绒毛的物品，不可在伤处贴创可贴，不可挑破伤处的水泡，不要用冰水，以免冻伤。

3. 保持烫伤处干燥，室内要保持一定的湿度，每天消毒，最好是烫伤处暴露，不要包扎。 提供适当的营养，加快伤口的愈合。

4. 错误的烧烫伤处理方法。

①立即用牙膏、绿茶膏涂抹——妨碍清创并增加创面污染的机会，影响热量散开，不能减轻创面的进一步损害。

②立即用酱油涂抹——会使创面着色，影响医生对创面深度的判断，有引起创面感染的风险。

③立即用盐水涂抹——不仅起不到消毒作用，还会加重伤口处的体液渗出，加重损伤。

④立即用香油、蛋清涂抹——妨碍清创并增加创面污染的机会。

（北京市六一幼儿院　田　颖　郭文睿）

第八节　急性传染病的认知与救护

2020 年 10 月，国家卫健委发布《中华人民共和国传染病防治法》（修订草案征求意见稿），明确提出甲、乙、丙三类传染病的特征。 甲类传染病包括鼠疫、霍乱两种；乙类传染病共 27 种，包括传染性非典型肺炎、艾滋病、病毒性肝炎、脊髓灰质炎、人感染高致病性的禽流感、麻疹、流行性出血热、狂犬病、流行性乙型脑炎、登革热、炭疽、细菌性和阿米巴性痢疾、肺结核、伤寒和副伤寒、流行性脑脊髓膜炎、百日咳、白喉、新生儿破伤风、猩红热、布鲁氏菌病、淋病、梅毒、钩端螺旋体病、血吸虫病、疟疾、人感染 H7N9 禽流感、新型冠状病毒肺炎[①]；丙类传染病一共有 11 种，包括流行性感冒、流行性腮腺炎、风疹、急性出血性结膜炎、麻风病、流行性和地方性斑疹伤寒、黑热病、包虫病、丝虫病，除霍乱、细菌性和阿

[①]　2022 年 12 月将新型冠状病毒肺炎更名为新型冠状病毒感染。

米巴性痢疾、伤寒和副伤寒以外的感染性腹泻病、手足口病。目前乙类传染病中传染性非典型肺炎、炭疽中的肺炭疽，采取甲类传染病的预防和控制措施。

一、急性传染病的表现

1. 发热

传染病的发热过程可分为三个阶段：①体温上升期。体温可骤然升至39℃以上，通常伴有寒战，见于疟疾、登革热等；亦可缓慢上升，呈梯形曲线，见于伤寒、副伤寒等。②极期。体温升至一定高度后，持续数天至数周。③体温下降期。体温可缓慢下降，几天后降至正常，如伤寒、副伤寒；亦可在一天之内降至正常，如败血症，此时多伴有大量出汗。热型是传染病重要特征之一，具有一定的鉴别诊断意义。

2. 皮疹

许多传染病在发热的同时伴有皮疹，称为发疹性传染病。如水痘、风疹、天花、猩红热等。

3. 毒血症状

病原体的各种代谢产物，包括细菌毒素在内，可引起除发热以外的多种症状，如疲乏、全身不适、厌食、头痛、肌肉疼痛等。严重者可有意识障碍、脑膜刺激征、中毒性脑病、感染性休克等表现，有时还可引起肝、肾损害，表现为肝、肾功能的改变。

4. 单核-巨噬细胞系统反应

在病原体及其代谢产物的作用下，单核-巨噬细胞系统可出现充血、增生等反应，临床上表现为肝、脾和淋巴结的肿大。

二、典型案例分析与解读

秋冬季高发传染病

—— 幼儿感染诺如病毒的处理

（一）案例描述

11月下旬的一天早晨，大班的糖糖没有像往常一样按时来园。小朋友们都吃过早饭了，糖糖才被爸爸匆匆送到班级。糖糖爸爸和王老师交代糖糖在家吃过了早饭，有些不愿意来幼儿园，情绪不是很好。王老师上午格外关注糖糖的情绪，在糖糖最喜欢的美术剪纸活动中，她也没有表现出很高的活动兴趣。活动进行到一半，糖糖突然哇的一声吐了一桌子。秋冬季

第六章·意外伤害及急性传染病的救护

正是诺如病毒的高发季，王老师嘱咐班级保育老师立即按照诺如病毒的处理流程和规范进行消毒工作。

同时配班教师立即组织其他幼儿有序撤离活动室，王老师帮糖糖擦嘴漱口后，带糖糖去医务室查看并通知家长将幼儿接回居家隔离观察。班级保育员严格按照诺如病毒处理要求进行班级环境消毒。

（二）案例分析

秋冬季气温偏低，空气干燥，是一些呼吸道传染病、自然疫源性传染病的高发季节。幼儿抵抗力弱，极易感染传染病。

1. 安全处理呕吐物。

秋冬季节是诺如病毒感染的高发期。诺如病毒感染是一种急性肠道传染病，具有发病急、传播速度快、涉及范围广等特点，症状多表现为呕吐、腹泻。所以对首发病例的呕吐物处理非常关键，呕吐物的安全处理可以消除传染源，防止传染病扩散。

2. 及时进行环境消杀，人员隔离。

出现病例后，教师应及时进行消毒、隔离工作，做到早隔离，早治疗，这在一定程度上能降低传染病的传播。

（三）出谋划策

诺如病毒来得快去得也快，是一种自限性疾病，只要做好预防工作，完全可以避免，即使感染也会很快痊愈而且不留后遗症。

1. 幼儿园应做好诺如病毒的预防措施。

（1）坚持做好每日晨、午检工作，认真执行一摸、二看、三问、四查的原则，发现异常情况及时处理。

（2）加强对饮水和食品卫生的管理。饮水设备应定期进行消毒处理。严格落实食堂从业人员的健康监测制度。

（3）对教师和幼儿开展诺如病毒等肠道传染病的培训，并积极对家长进行健康教育宣传，提高防病意识。

（4）做好环境消毒，督促在园幼儿养成良好的卫生习惯，勤洗手，尽量避免到人多拥挤、空气污浊的场所，有效控制传染病的传播。

（5）加强户外锻炼，保证足够的活动时间，让幼儿得到足够的日光照射，充分呼吸新鲜空气。安排多样化的体育锻炼项目，以提高幼儿自身的抵抗力。

（6）如幼儿在班级发生呕吐，应首先尽快将其他幼儿撤离。其次开窗通风，用呕吐包、传染病专用拖把和桶，处理呕吐物。 处理者穿戴好防护用品（帽子、口罩、隔离衣、手套、鞋套）后，用 5000～10000 毫克/升的含氯消毒液完全覆盖呕吐物，小心清除干净。 将污染区及周围两米范围内的所有物品用 1∶50 的含氯消毒液进行消毒。 最后将防护用品和盛有污染物的垃圾袋放进医疗废物垃圾桶。

（7）出现呕吐症状的幼儿要居家隔离至症状完全消失后 72 小时。 因病缺勤追踪登记至关重要，杜绝未满隔离期的幼儿返园。

2. 家长应知晓如何预防诺如病毒。

家长指导幼儿养成饭前便后要洗手的良好习惯，食用水果一定要做好清洗，不要食用生凉及海鲜食品，切忌喝生水，最好养成幼儿分餐制。 成人少带幼儿前往人群密集的地方。 护理诺如病毒患儿时，要适当口服补液盐，注意饮食清淡，多补充维生素、多喝水。

3. 组织开展"认识诺如病毒"的安全教育活动。

教师或园所保健医应根据季节特点和幼儿年龄特点，设计组织关于"认识诺如病毒"的安全教育活动，通过卡通视频、图片等直观方式，呈现诺如病毒的传播途径和预防方法，帮助幼儿正确认识诺如病毒，培养幼儿的自我保护意识。

（北京市六一幼儿院　田　颖　郭文睿）

安全小贴士 ＞＞＞＞＞＞＞＞

几种急性传染病隔离常识

水痘：经飞沫和直接接触传播，呼吸道隔离至全部皮疹干燥结痂为止，或隔离至出疹后 7 天。

麻疹：经飞沫传播，出疹后 3～5 天病程进入恢复期，呼吸道隔离至疹后 5 天，有并发症者不少于 10 天。

风疹：经飞沫传播，皮疹出现并持续 3 天后开始消退，呼吸道隔离至皮疹出现后第 5 天。

流行性腮腺炎：经飞沫传播，呼吸道隔离至腮腺肿大完全消退（约 3 周）。

流行性感冒：经飞沫传播，呼吸道隔离至退热后 2 天。

流行性乙型脑炎：经虫媒传播，隔离至体温正常后 4 天。

脊髓灰质炎：经飞沫、粪便和口腔传播，隔离期为起病后 40 天。第一周飞沫传播快，粪便中病毒量多，宜呼吸道、消化道隔离；后期病毒主要从粪便中排出，因此第二周开始为消化道隔离。

急性甲型病毒性肝炎：经粪便、口腔传播。消化道隔离至病后 2 周。

急性病毒性乙型肝炎：经血液、体液传播，急性期应隔离至乙型肝炎表面抗原（HBsAg）阴转或黄疸完全消退。恢复期不转阴者，按 HBsAg 携带者处理。

猩红热：经飞沫传播，呼吸道隔离至症状消失，鼻咽部分泌物培养连续 3 次转阴，一般为起病后 15 天。

白喉：经飞沫传播，呼吸道隔离至症状消失后 30 天或鼻咽部分泌物培养连续 2 次转阴。

百日咳：经飞沫传播，呼吸道隔离到起病后 40 天或痉咳开始后 30 天。

流行性脑脊髓膜炎：经飞沫传播，呼吸道隔离至体温正常。症状消失后 3 天，但不少于发病后 7 天。

急性细菌性痢疾：经粪便、口腔传播，消化道隔离至症状消失后 1 周或两次粪便培养转阴。

摘自李艾祖：《几种急性传染病的隔离常识》，载《家庭科技》，2001(03)。

极端天气的安全防护

【安全目标】

1. 学习防灾减灾知识，掌握预警信号含义和要求，增强防范意识和能力。

2. 引导幼儿学习收听、收看和查询天气信息的方法，养成及时了解天气信息的习惯。

3. 引导幼儿关注天气和生活的关系，知道根据气温变化情况及时增减衣服，佩戴防护用品保护自己，如帽子、手套、口罩、雨具等。

4. 引导幼儿掌握基本的躲避和防范灾害以及自救的技巧，培养幼儿应对灾害的最基本的生存能力、自救能力。

第一节 大风（沙尘暴）的安全防护

大风是快速流动的空气，我国天气业务规范中规定平均风速大于等于6级（10.8米/秒）时为大风。 沙尘暴是一种非常极端的恶劣天气，主要发生在春季，其形成的主要原因是天气干旱少雨，地表极其干旱松散，强风从地面卷起大量沙尘，使空中能见度降低。 大风和沙尘总是相伴而生，沙尘暴虽然持续的时间较短，但是危害很大，因为空气中含有多种有害的化学物质和病原体，对幼儿娇弱的呼吸系统会产生很大的危害。 所以，遇到这种极端的天气时，我们要更加关注保护幼儿的身体健康和生命安全。

一、大风（沙尘暴）易出现的安全问题以及防护措施

大风沙尘天气易造成高空坠落物，可能对幼儿的健康造成很大的威胁。同时，大风吹起的沙尘易引起幼儿呼吸道疾病。家幼合力，采取有力措施，保护幼儿免受大风沙尘造成的伤害。

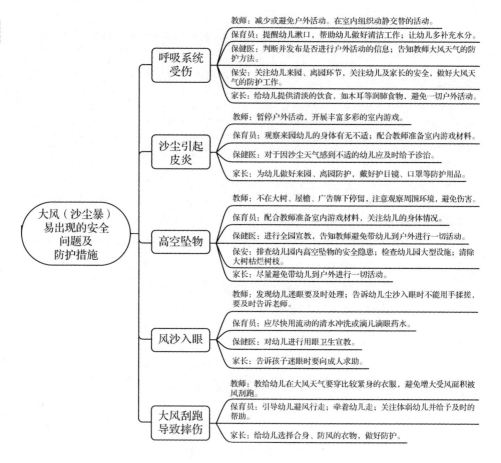

二、典型案例分析与解读

大风来了怎么办？

------大风天气的安全防护

（一）案例描述

今天早上入园时，我照常站在门口迎接小朋友们的到来。突然，一阵大风吹来，尘土飞扬，大树也摇摆起来。这时，班上的程程和妈妈快速地冲向班级门口，程程浑身裹得严严实实，眼睛却红红的，一边奔跑一边大

声对我说：“黄老师！早上好！外面的风太大了！都快把我吹跑了！”说完还咳了几声。我刚准备回应她，只见一个户外游戏材料中的飞盘"飞"了起来，正往程程过来的方向"飞"去。我着急地大喊："程程！小心！"听到我的呼喊，程程往旁边看了一眼，但还是来不及躲闪，飞盘一下撞到了她的肩膀上。我急忙跑过去问道："程程你怎么样？有没有受伤？"程程摇摇头，拍了拍肩膀。这时，程程的妈妈也赶了上来，我们一同把孩子带到班里，检查她是否受伤，好在孩子衣服穿得厚，飞盘也比较轻，程程并没有受伤，只是受到了一些惊吓。我安抚着程程和她妈妈的情绪，同时请保育员赶快把户外材料收整起来。"沙子吹到眼睛里好难受啊！""屋里面好干啊！""大风吹得我头疼！"……旁边的几个孩子正七嘴八舌地讨论着今天的大风天气。

（二）案例分析

每年春秋季是大风（沙尘暴）的多发季节，大风（沙尘暴）会给人们的生活带来较严重的危害，面对突如其来的大风（沙尘暴），若不提前应对、及时防护，将会导致安全事故的发生。

1. 教师对大风（沙尘暴）天气的预见性不够造成风险。

强烈的大风天气来临之前，气象预报会有相应的大风预警提示，教师没有及时关注到这一点，因而没有提前对幼儿、家长以及班级其他教师做好相关的安全提示与安全教育。家长未给幼儿配备好大风（沙尘暴）天气的防护用具（护目镜、口罩等），致使幼儿眼睛发生变红不舒服的现象；幼儿在大风（沙尘暴）天气下，仍然在大风中大声说话，导致咳嗽的发生；保育员未对班级内的空气进行加湿，以致幼儿感受到干燥不舒服的情况。

2. 教师对大风（沙尘暴）天气安全隐患的排查不充分。

教师已经发现大风来临，大树也开始摇摆，却忽视了对周边环境中的安全隐患排查。操场上的户外玩具材料此时很容易被大风吹起，"飞"到幼儿身上，使幼儿的身体受到伤害，但教师当时并没有意识到这个问题，没有请保育员及时将材料收好，导致了危险的发生。

3. 班级教师之间的协调配合不够默契。

幼儿在园的安全是一切工作的基础和前提，班级教师之间良好的沟通与配合是保证幼儿身心安全的重要因素。遇到极端大风（沙尘暴）天气，班级教师之间应相互提示、相互补位、灵活应对。教师与保育员都未对已出现的大风天气带来的安全隐患进行预判，没有及时提示对方采取良好的应对措施，以致当出现问题时处理得过于匆忙。

4. 家长对大风（沙尘暴）天气的防护措施不全面。

大风（沙尘暴）天气风沙较多，容易吹进眼睛和口鼻之中，引起不适。家长考虑到温度的降低，为幼儿穿上厚衣，却忽视了对眼睛和口鼻的防护，对于防护的思考并不全面，才出现了幼儿眼睛变红和咳嗽等不舒服的情况。

（三）出谋划策

从上面的分析可以看出，教师、家长和幼儿都对大风（沙尘暴）天气的危险性和应对措施了解不充分，需要进一步加强防范意识，了解应对措施，从而更有效地降低大风（沙尘暴）天气带来的伤害。

1. 提前了解天气情况，及时排查安全隐患，做好防范。

作为教师、家长一定要时常关注天气预报，及时了解天气情况，排查安全隐患，如户外的游戏材料、宣传板等易刮飞的物品，做好大风（沙尘暴）天气的预防措施。每年的春秋季是大风（沙尘暴）的多发季节，教师和家长要积累相关的天气知识与常识，提前作出预判，制订好应对方案。如遇大风（沙尘暴）预警，应及时取消室外活动，第一时间与班级其他教师相互沟通，关好门窗、湿润地面、收整好户外玩具材料等。引导幼儿坐在离窗户和门较远的室内中央位置，做一些安静游戏，如玩桌面拼插玩具、阅读绘本等。也可适当开展室内体育游戏，如小动物蹦蹦跳、小鱼游等。幼儿在家中时，家长也可采用相似的方法。当幼儿投入丰富、快乐的游戏之中，自然减少了大风（沙尘暴）天气所带来的不适。

2. 通过多种方式引导幼儿了解大风（沙尘暴）这种自然现象，学习相应的自我保护方法。

班级的语言区投放大风（沙尘暴）天气的相关绘本，如《飓风》《沙尘暴》《揭秘自然灾害》等。通过鲜活、生动的小故事和趣味科普知识，帮助幼儿了解日常生活中会遇到大风（沙尘暴）天气的常识，遇到这样的情况要保持冷静，迅速回到室内离门窗较远的安全位置，保护好自己的生命安全。

开展关于大风（沙尘暴）天气相关的安全教育活动，通过视频、动画、图片等多种方式，引导幼儿提高安全意识、树立自我保护的观念，在大风天气采取相应的自我保护措施做好自身防护。

3. 班级教师之间应相互协调配合、灵活应对。

班级教师之间加强沟通与配合，当遇到大风（沙尘暴）天气时，提前进

图 7-1 《沙尘暴》

图 7-2 《揭秘自然灾害》

行沟通，制订好班级应对方案，相互协调与配合工作。 当教师忽略到一些安全问题时，其他教师应当及时提醒、灵活补位。 如教师在班级中组织好幼儿进行安静游戏，保育教师及时关好门窗、湿润地面、收好户外材料等，合理分工、相互配合，避免危险的发生。

4. 出行要做好自身防护。

大风（沙尘暴）天气时应尽量减少出门，若要出门，要注意室外高空危险物，如广告牌、树枝等，同时佩戴好口罩。 另外，大风（沙尘暴）天气时，风沙容易吹到眼睛，可以佩戴上护目镜出门，避免风沙进入眼睛中引起不适。 若风沙不慎进入口鼻，回到家后，可用清水清洗口腔、鼻腔及面部，保持身体洁净。

5. 要及时补充水分，避免身体缺水。

大风（沙尘暴）来临时天气干燥，体内水分流失较快，要及时、充足地补充水分，多喝水、多吃苹果、梨、猕猴桃、菠菜、白菜、冬瓜等富含维生素的新鲜水果蔬菜。 另外，可通过使用加湿器加湿室内空气，擦湿地面，或用喷洒一些水的方式减少干燥，保持室内空气湿润。

（北京市六一幼儿院　黄　卉　常丽平）

安全小贴士 ＞＞＞＞＞＞＞

大风防御措施

1. 大风天气来临前，应关好门窗，妥善安置易受大风影响的室外物品，比如阳台上晾晒的衣物、玻璃或其他杂物。 将围板、棚架、临时搭建物等易被风吹动的搭建物固紧。

2. 大风天气禁止户外用火，应切断霓虹灯招牌及危险的室外电源，关闭连接室外的煤气、天然气阀门，严防室外烟火。

3. 停止户外露天、高空作业和水上活动，尽快进入室内，或是进入混凝土建筑的地下室或半地下室这种能防风的场所。

4. 大风天气尽量减少外出，如需外出应避免骑自行车、电瓶车，不要在广告牌、临时搭建筑物下面逗留。不要将车辆停在高楼、大树下方，以免因吹落的物体造成损伤，建议将车辆驶入附近的地下停车场。

另外，大风天气外出，如果异物进入眼睛里，建议此时千万不要揉眼睛，异物可能会划伤角膜，甚至导致异物嵌入角膜内，从而造成感染发炎，可多眨眼睛促进泪液分泌，将其排出。

参见中国气象科普网。

第二节　暴雨、冰雹、雷电的安全防护

暴雨是气象灾害中最严重、最常发生的灾害之一，夏季是暴雨的高发季节，常伴随有台风、冰雹和雷电现象，容易引发各种事故，对环境和人的生命安全也会造成很大的危害。台风暴雨造成的洪涝灾害，来势凶猛，破坏性极大，带来的风暴可能摧毁植物、各种建筑设施等，造成人民生命、财产的巨大损失，是最具危险性的灾害。

一、暴雨、冰雹、雷电易出现的安全问题及防护措施

暴雨、冰雹、雷电等强对流天气会引发幼儿的恐慌，暴雨最重要的防护措施就是及时躲避，科学避险。教师和家长要教给幼儿适宜的自救方法，让幼儿掌握更多的求生技能，提高幼儿的生存能力。

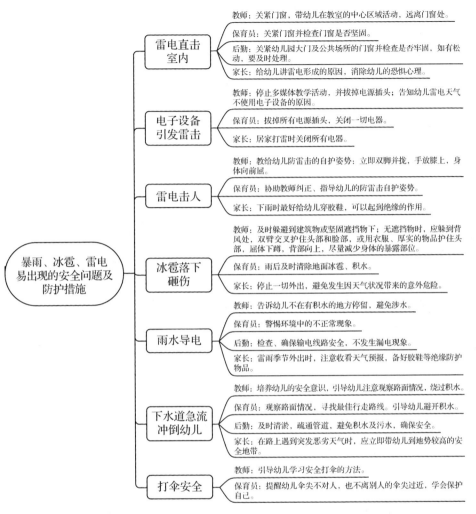

暴雨、冰雹、雷电易出现的安全问题及防护措施

雷电直击室内
教师：关紧门窗，带幼儿在教室的中心区域活动，远离门窗处。
保育员：关紧门窗并检查门窗是否坚固。
后勤：关紧幼儿园大门及公共场所的门窗并检查是否牢固，如有松动，要及时处理。
家长：给幼儿讲雷电形成的原因，消除幼儿的恐惧心理。

电子设备引发雷击
教师：停止多媒体教学活动，并拔掉电源插头；告知幼儿雷电天气不使用电子设备的原因。
保育员：拔掉所有电源插头，关闭一切电器。
家长：居家打雷时关闭所有电器。

雷电击人
教师：教给幼儿防雷击的自护姿势：立即双脚并拢，手放膝上，身体向前屈。
保育员：协助教师纠正、指导幼儿的防雷击自护姿势。
家长：下雨时最好给幼儿穿胶鞋，可以起到绝缘的作用。

冰雹落下砸伤
教师：及时躲避到建筑物或坚固遮挡物下；无遮挡物时，应躲到背风处，双臂交叉护住头部和脸部，或用衣服、厚实的物品护住头部，屈体下蹲，背部向上，尽量减少身体的暴露部位。
保育员：雨后及时清除地面冰雹、积水。
家长：停止一切外出，避免发生因天气状况带来的意外危险。

雨水导电
教师：告诉幼儿不在有积水的地方停留，避免涉水。
保育员：警惕环境中的不正常现象。
后勤：检查、确保输电线路安全，不发生漏电现象。
家长：雷电季节外出时，注意收看天气预报，备好胶鞋等绝缘防护物品。

下水道急流冲倒幼儿
教师：培养幼儿的安全意识，引导幼儿注意观察路面情况，绕过积水。
保育员：观察路面情况，寻找最佳行走路线。引导幼儿避开积水。
后勤：及时清淤，疏通管道，避免积水及污水，确保安全。
家长：在路上遇到突发恶劣天气时，应立即带幼儿到地势较高的安全地带。

打伞安全
教师：引导幼儿学习安全打伞的方法。
保育员：提醒幼儿伞尖不对人，也不离别人的伞尖过近，学会保护自己。

二、典型案例分析与解读

暴雨来了怎么办？
——暴雨来临的安全思考

（一）案例描述

今天天气阴沉，室内憋闷，户外活动时间到了，我带着幼儿们来到操场上，玩他们喜爱的"快乐城堡"探险游戏。刚玩不久，忽然，宝塔状墨云隆起，天空暗了下来，一阵急促的大风吹来，祺祺说："哇，好凉快呀！"其他几个幼儿也异口同声地说："哇！真是太舒服了！"话音刚落，一道闪电从天而降，一声巨大的雷声随之而来。我说："小朋友们，要下大暴雨啦，我们赶快回班吧！"鹭鹭说："老师，玩具还没收呢，我们赶快把玩具收好吧。"我说："鹭鹭提醒得好！要下大雨啦，我们齐动手，把户外玩具都放回玩具柜里吧。"幼儿们刚收完沙包、飞盘、呼啦圈等户外材料，正要收拾塑料垫子时，天空中豆大的雨点"啪啪啪"砸落下来，我带大部分收完玩具的幼儿快速、有序地跑到大厅内，只见大雨点砸到了收垫子的晨晨、乐乐和祺祺的身上，保育员王老师说："小朋友们，把垫子顶在头上赶快往大厅跑！"他们跑进大厅门口时，雨势变得更加凶猛，不一会儿平地积水。幼儿们在大厅里看着这罕见的暴雨，说着、聊着、讨论着……

（二）案例分析

七八月是北方地区的雨季，雨可以灌溉农作物，利于植树造林；雨能够减少空气中的灰尘，能够降低气温。雨能冲走地面灰尘，净化环境；但也会因突如其来的大暴雨，降水量骤升且猛烈。当大暴雨来临时，若防护意识不强，会导致暴雨安全事故的发生。

1. 教师对于特殊天气的预见性不够造成的风险。

天气阴沉而且室内憋闷，户外时间到了，教师带领幼儿进行户外活动，目的是到户外凉快凉快，在这里教师忽视了暴雨来临前征兆的思考。比如，在夏季，天气阴沉，室内憋闷，很有可能要下雨甚至有暴雨的发生。教师若能提前思考选择室内的游戏活动，就能降低暴雨导致安全事故发生的风险。

2. 当暴雨来临时的应对和选择不科学造成的伤害和风险。

很快要下大雨啦，当老师带领幼儿回班时，鹭鹭说："老师，玩具还没收呢，我们赶快把玩具收好吧。"鹭鹭爱护玩具，想要把玩具收放好的想法非常好！但是当暴雨即将来临，保护好自己的生命安全才是更重要的！教师也没有制止幼儿的提议，而是跟幼儿一块收玩具，对于即将到来的暴雨的危险性不够重视，对于暴雨的安全防范也欠思考，对幼儿的自我保护意识差认识不足，造成幼儿淋雨的不良后果。

3. 雷雨天气没远离门窗，没有防范雷电的意识。

教师带领幼儿回到大厅，幼儿们的心情既紧张又兴奋，都在叽叽喳喳地说着这场突如其来的暴雨，而教师没有及时带幼儿避开门窗到安全地带，这时如果有惊雷和闪电会吓到幼儿，甚至雷电入屋也会对人造成伤害。

（三）出谋划策

从上面的分析可以看出，教师和幼儿都对暴雨天气的危险性认识及应对措施极度缺乏，需要加强防范意识，了解应对措施，更好地降低极端天气的伤害。

1. 看天气预报，识天象，提前做好防范。

作为教师、家长一定要提前关注天气预报，及时了解天气情况，做好特殊天气的预防措施。 同时也要积累天气知识，提前做出预判，提前做好防护。 如暴雨天气征兆有以下几点：宝塔状墨云隆起，天气阴沉；室内憋闷，甚至感觉呼吸困难；大风起，闪电密，雷声沉闷，忽东忽西；雨点大，雨下得急促且密。 此时不难看出有下暴雨的迹象，应该取消室外活动。 回班第一时间与配班教师交代好切断一切电源设备，关好门窗。 带幼儿们坐在离窗户和门较远的室内中央位置，做安静游戏，如玩桌面拼插玩具、"传话"及"猜猜我是谁"等游戏，让幼儿们的注意力投入快乐的游戏里面，减少幼儿对雷电的恐惧感。

2. 通过多种途径引导幼儿了解暴雨这种自然现象，知道应对暴雨的方法。

班级图书角投放与"暴雨"相关的绘本书籍，如《暴风雨来了》《大雨哗啦哗啦下》《大红狗和暴风雨》《雷雨：云朵的派对》等，通过一个个鲜活、生动、有趣的小故事，告诉幼儿日常生活中会遇到雷电、暴雨等危险情景。 当幼儿看到乌云密布，天气阴沉，大风刮来，闪电与雷声先后出现时，应该想到先躲雨，保护自己的生命安全是首要任务，要迅速回到室内离门窗较远的安全位置，提高安全意识，采取相应的保护措施，进而树立自我保护的观念。

图 7-3 《暴风雨来了》　　图 7-4 《大雨哗啦哗啦下》

图 7-5 《大红狗和暴风雨》　　图 7-6 《雷雨：云朵的派对》

班级也可以创设"暴雨"来临自我保护的安全角，并投放相关的材料，如游泳圈、木盆、木柴、救生衣、手电、帐篷、小镜子、哨子、鲜艳的衣服、保暖衣物、腰带、头盔、塑料袋等物品，利用安全教育活动或者过渡环节，讨论并了解这些物品在暴雨中的作用，必要时会自救或求救。

3. 家园共育共同普及暴雨中的防护知识。

结合季节，通过班级网页、微信群、家长园地栏目向家长宣传暴雨相关知识，家园同步普及暴雨来临时的应对措施，通过共育活动，让幼儿了解在户外活动以及在室内对于暴雨来临前的预防措施以及暴雨来临时的应对措施，减少暴雨造成的危害及其次生灾害。

如在室内：应当立即关闭门窗和切断电源，不玩手机，避免雷电直击室内电器或防止侧击雷和球雷的侵入；不要把头或手伸出户外，更不要用手触摸窗户的金属架；要坐在远离窗户的位置。

如在户外：当暴雨来临时，不能到孤立的棚屋、岗亭、大树下躲雨，若万不得已，则须与树干保持 3 米的距离，下蹲并双腿靠拢；应当立即随手就近取一件可以作为遮挡物的物品，如塑料垫子、手提包、纸盒子、纸箱子、跳袋等物品遮挡在头部上方，迅速、有序地撤离到安全地带。

（北京市六一幼儿院　庞暑霞）

安全小贴士 >>>>>>>>

雨天防护常识

1. 若遇到强烈暴雨天气，幼儿园、学校应采取暂避措施，必要时停课。

2. 在户外积水中行走时，要注意观察，贴近建筑物行走，防止跌入窨井、地坑等。

3. 在雷雨天气赤脚行走或避雨时，会加大被雷击的可能性，贪玩的小朋友应该立即穿上鞋子，或者在脚底垫上塑料等绝缘体。

4. 当雷电交加时，头、颈、手外有蚂蚁爬走感，头发竖起，说明将发生雷击，应赶快趴在地上，并丢弃身上佩戴的金属饰品，如发卡、项链等，这样可以减少遭雷击的危险。

5. 暴雨后尽量不要外出玩耍，必须外出时要绕过积水严重的地段。

第三节　暴雪的安全防护

　　暴雪的出现往往伴随大风、降温天气，严重影响着人们的生产、生活。在北方，通常雪花很大，状如鹅毛大雪，但其含水量其实并不高。南方通常是湿雪，形态不大，但含水量大，积雪是"压实"的状态。冬季南方降水相态在多数情况下十分复杂，雨、雪、冰粒、霰以及混合态的雨夹雪这几种相态都有可能出现甚至同时存在，还可能在数小时内发生连续转换。暴雪给人们的生活、出行带来了极大不便，甚至是灾害性的影响。当预报有较大降雪时，相关部门和个人应考虑到相应后果，积极采取应对措施。

一、暴雪易出现的安全问题及防护措施

　　白白的雪花对幼儿有很大的吸引力，给幼儿带来新奇的感受，引发幼儿对雪探究的欲望和玩雪的热情。但是雪也会对幼儿造成一些伤害。例如，低温冻伤、雪盲、摔跤等，这需要教师和家长引导幼儿了解雪的益处与害处，让幼儿学会保护自己不受伤害。

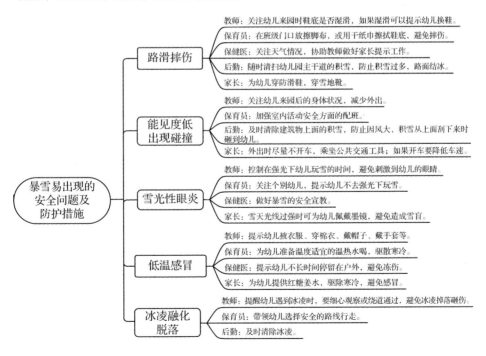

二、典型案例分析与解读

暴雪天气危险多

------暴雪天的安全防护

（一）案例描述

下雪啦下雪啦，看到漫天飞舞的鹅毛大雪，孩子们十分兴奋，已经按捺不住内心激动的心情，欢呼雀跃着，高喊着想要出去玩雪。看到孩子们期待的样子，我对他们说："一会儿我们一起出去玩雪吧，不过我们一定要保护好自己，穿好大衣，戴好帽子！"孩子们迅速穿戴整齐，急匆匆地往门口走，突然听到乐乐"啊"的一声，转头一看他在门口处滑倒了，原来那里有一摊水迹。我急忙上前查看他的情况，见他没有受伤，我们才放心地继续出门玩雪。孩子们在雪中愉快地玩耍着，突然有几个小朋友在雪地上接连滑倒了，嘴里还嘟囔着"我的鞋子太滑了"！ 这时，嘟嘟皱着眉头向我走来，说："黄老师，太阳好刺眼啊，我不想玩儿了。"我安慰着他，并且带他到没有阳光的地方休息。一番激烈的雪地游戏后，孩子们疲惫却开心着，叽叽喳喳地讨论着刚才的游戏。"真好玩儿，但是我的手好凉啊！""鞋子好像有点湿，不舒服。""有冰的地方真危险，我差点滑倒了！""吸溜吸溜"……各种各样的声音在班级中回荡着。

（二）案例分析

下雪天，幼儿因为喜欢玩雪容易情绪过于激动，若教师没有在活动前组织幼儿全面讨论在玩雪过程中的安全防护知识，就容易在玩雪过程中发生危险。

1. 教师对幼儿进行雪天的安全教育提示不够全面细致。

暴雪天气易出现的安全隐患较多，在对幼儿进行前期的安全教育提示时，需要更加全面和细致。 教师考虑到幼儿穿戴好大衣和帽子做好保暖工作，却忽视了检查幼儿是否戴好手套，以及鞋子是否适宜出门玩雪，个别幼儿出现了滑倒和手凉的问题。 雪天太阳光线过于刺眼，容易灼伤幼儿眼睛，这一点教师也有所忽略，幼儿出现眼睛不舒服的情况。

2. 教师对于雪天危险的预见性不足，缺少前期准备。

雪天易出现坚硬的冰，冰化成水后还会使地面湿滑，门口的水迹便是由此而来。 教师没有提前关注到这个问题，未对水迹进行擦拭或是铺好防滑垫，以致幼儿出现滑倒的现象。 对于雪和冰过厚的地方，未提前进行铲除，造成幼儿出现滑倒现象。

3. 家长为幼儿准备的雪天防护用具不适宜、不充分。

普通的运动鞋防滑性和保暖性相对较差，幼儿行走在雪地中时容易感到脚凉，个别幼儿还因此滑倒。 另外，只重视了身体上的保暖，个别幼儿没有戴帽子和手套，容易感到寒冷，可能引发流鼻涕、打喷嚏等感冒症状。

（三）出谋划策

从上面的分析中可以看出，面对暴雪，前期的防护准备和活动前的安全教育提示至关重要，能够帮助幼儿提前预知玩雪中易出现的安全问题，做好防御工作，在活动中避免发生危险。 同时增强幼儿的安全意识，提升其自我保护的能力。

1. 随时关注天气情况，家园共育做好雪天安全教育提示。

随时关注天气情况，暴雪天气来临前，对幼儿进行全面、细致的雪天安全教育及提示。 在班级中，可利用《大雪》《大暴雪》《下雪了》等绘本，结合雪天安全教育的相关动画及视频、情景演绎等，引导幼儿进一步认识下雪这种自然现象，了解暴雪给人们生活带来的危害，从而进一步学习雪天的自我保护知识。 例如：暴雪时尽量避免户外活动，在户外时远离广告牌等危险物品，穿戴好厚外套、帽子、手套、雪地靴，行走时注意放慢速度、不拥挤，避免直接面对太阳光线等。 与此同时，提示家长在家中也做好以上安全教育内容，形成家园合力，共同做好雪天防护工作。

图 7-7 《大雪》　　图 7-8 《大暴雪》　　图 7-9 《下雪了》

2. 提前做好雪天安全防护工作，全面且细致。

暴雪天路面湿滑，应在门口等人流易聚集的地方提前铺好防滑垫、立好"小心地滑"的提示牌。 对于门前、户外的积雪和冰，应及时进行清扫和融化，留出安全通路，并且做好安全标识。 及时关好门窗、认真检查，防止暴雪进入室内。 清除存有积雪的高空危险物品，如广告牌、宣传板等，排除安全隐患。

3. 注重防护用具的适宜性，兼具防滑性与保暖性。

雪天出行要做好防寒保暖工作，穿戴好厚外套、手套、帽子等，步行时尽量不要穿硬底或光滑底的鞋，可穿防滑的雪地靴，保暖的同时还不易滑倒。当太阳光线过于强烈时，可佩戴有色眼镜防御紫外线。

4. 注重合理饮食，保证体内所需热量，提升机体抗寒能力。

暴雪天气一般伴随着气温陡降，在饮食方面也需要多加注意，给幼儿多吃暖胃的食物，如牛肉、羊肉、鹌鹑、海参等，保证体内所需的热量。同时，可多食用海带、紫菜、胡萝卜、玉米等富含碘和维生素的食物，增强抗寒能力和对寒冷的适应力。

（北京市六一幼儿院　黄　卉）

安全小贴士 ≫≫≫≫≫≫≫

暴雪预警信号及防御指南

暴雪预警信号分四级，分别以蓝色、黄色、橙色、红色表示。

一、暴雪蓝色预警信号

标准：12小时内降雪量将达4毫米以上，或者已达4毫米以上且降雪持续，可能对交通或者农牧业有影响。

防御指南：

1. 政府及有关部门按照职责做好防雪灾和防冻害准备工作；

2. 交通、铁路、电力、通信等部门应当进行道路、铁路、线路巡查维护，做好道路清扫和积雪融化工作；

3. 行人注意防寒防滑，驾驶人员小心驾驶，车辆应当采取防滑措施；

4. 农牧区和种养殖业要储备饲料，做好防雪灾和防冻害准备；

5. 加固棚架等易被雪压的临时搭建物。

二、暴雪黄色预警信号

标准：12小时内降雪量将达6毫米以上，或者已达6毫米以上且降雪持续，可能对交通或者农牧业有影响。

防御指南：

1. 政府及相关部门按照职责落实防雪灾和防冻害措施；

2. 交通、铁路、电力、通信等部门应当加强道路、铁路、线路巡查维护，做好道路清扫和积雪融化工作；

3. 行人注意防寒防滑，驾驶人员小心驾驶，车辆应当采取防滑措施；

4. 农牧区和种养殖业要备足饲料，做好防雪灾和防冻害准备；

5. 加固棚架等易被雪压的临时搭建物。

三、暴雪橙色预警信号

标准：6 小时内降雪量将达 10 毫米以上，或者已达 10 毫米以上且降雪持续，可能或者已经对交通或者农牧业有较大影响。

防御指南：

1. 政府及相关部门按照职责做好防雪灾和防冻害的应急工作；

2. 交通、铁路、电力、通信等部门应当加强道路、铁路、线路巡查维护，做好道路清扫和积雪融化工作；

3. 减少不必要的户外活动；

4. 加固棚架等易被雪压的临时搭建物，将户外牲畜赶入棚圈喂养。

四、暴雪红色预警信号

标准：6 小时内降雪量将达 15 毫米以上，或者已达 15 毫米以上且降雪持续，可能或者已经对交通或者农牧业有较大影响。

防御指南：

1. 政府及相关部门按照职责做好防雪灾和防冻害的应急和抢险工作；

2. 必要时停课、停业（除特殊行业外）；

3. 必要时飞机暂停起降，火车暂停运行，高速公路暂时封闭；

4. 做好牧区等救灾救济工作。

摘自《气象灾害预警信号发布与传播办法》（中国气象局第 16 号令），见中国气象局网站。

第七章 · 极端天气的安全防护

第四节　寒潮的安全防护

寒潮天气又称寒流，是我国北方冬季主要天气现象之一。 我国气象部门规定：冷空气侵入造成的降温，一天内达到 10℃ 以上，而且最低气温在 5℃ 以下，则称此冷空气爆发过程为一次寒潮过程。 在寒潮侵袭期间，冷空气造成当地气温骤降，地面气压骤升，造成沿途地区剧烈降温、大风和暴雪等强对流天气，寒潮天气是在所有恶劣天气中影响范围最广的，是冬季的一种灾害性天气。

一、寒潮易出现的安全问题及防护措施

寒潮是断崖式的降温，给幼儿的机体适应力带来严峻的考验。 寒潮侵袭之下，易出现流感肆虐、取暖烫伤、低温冻伤等安全事故。 幼儿园和家庭需要提前做好防范和应对措施，确保幼儿安全度过严冬。

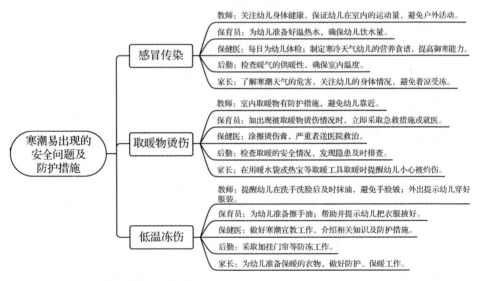

二、典型案例分析与解读

堆个大雪人

------寒潮对幼儿的影响

（一）案例描述

"中央气象台分析，受冷空气影响，全国大范围地区的气温将发生断

崖式下降，伴有强降雪，需要大家格外注意。"一大早天气预报就持续播报着寒潮来袭。

曦曦看着窗外白雪皑皑，小声嘟囔着："好多雪呀，好想去堆雪人。"曦曦不想打扰还在睡午觉的爷爷奶奶，自己穿上羽绒服蹑手蹑脚地走出家门。曦曦想要堆一个大大的雪人，但是戴着手套的小手怎么也无法把雪球揉圆，曦曦一着急，摘下手套放在一边，"哇，好凉"。曦曦小手很快被冻得通红，但是专心揉雪球的曦曦却没有察觉，吸溜着鼻涕继续坐在雪地里堆雪人。奶奶睡醒后下楼找曦曦，看着曦曦冻得通红的小手，连忙用双手帮曦曦取暖，看着曦曦冻得鼻涕直往下流，奶奶连忙带曦曦回家。

（二）案例分析

寒潮是一种冬季的灾害性天气，会造成沿途地区大范围强烈降温，常伴有大风、暴雪等天气现象，危害不可小觑，同样也严重影响着幼儿的生活。

1. 在寒潮天气户外活动，幼儿易被低温冻伤。

天冷加衣是妇孺皆知的生活常识，但如脸、手、耳朵等暴露在外的部位却常被人忽略，户外持续的低温会造成幼儿手部、脸部、耳朵等暴露在外的皮肤冻伤，多数幼儿都像案例中的曦曦一样，厌烦帽子、手套、围巾、耳罩等保暖装备束手缚脚，但保暖装备才是在寒潮天气保护皮肤不被冻伤的"法宝"。

2. 寒潮来袭，容易引发感冒、气管炎等疾病。

通过案例中曦曦出现流鼻涕这一症状，可以感受到寒潮来袭对于幼儿的身体健康是巨大的考验，气温骤然下降，人的体温调节功能对突如其来的寒冷刺激难以适应，若保暖措施不到位，极易受凉并引起机体抵抗力下降，给感冒病毒入侵以可乘之机，引发感冒、气管炎等疾病。

3. 幼儿对于寒潮天气自我保护的认识不够。

从案例中曦曦的表现可以看出，幼儿对于寒潮天气的保暖知识有所了解，知道穿羽绒服、戴手套，但是在玩雪的过程中摘掉了手套，对冻伤没有防范意识，需要进一步地指导，从而提高幼儿在寒潮天气中的自我保护能力。

（三）出谋划策

寒潮极易造成冻伤，引发感冒等疾病，幼儿对此预防意识较弱，需要家长和教师加以关注与重视。家长及教师可通过传授保暖防冻知识、倡导锻炼身体增强抵抗力等方式引导幼儿安全健康过冬，增强幼儿生活能力和提高幼儿自我保护意识。

1. 防寒保暖安全过冬。

关注天气预报，根据天气变化及时为幼儿增添衣物；在寒潮来临前，家长可以提前为幼儿准备好羽绒服、棉帽、围巾、棉鞋、手套、耳罩等防寒衣物，以防寒潮来袭时生病、冻伤、滑倒等安全问题的发生。教师可通过绘本、新闻等向幼儿科普寒潮的影响、传授防寒保暖的相关知识，提高幼儿的防护意识和能力。

户外活动时，成人要提示幼儿不宜在低温下长时间停留，并时刻注意观察幼儿的身体变化，警惕冻伤的发生，观察幼儿的手指、脚趾、耳垂、鼻头等部位是否失去知觉或出现泛苍白色，如出现类似症状，立即采取急救措施或就医。

2. 保持衣服干燥，避免机体失温。

除预防冻伤保暖外，保持干燥也很重要，潮湿环境会明显加重寒冷带来的危害，容易破坏局部血管的收缩与舒张功能，促使冻伤形成。在寒冷的天气下，若衣服、手套等衣物已不处于干燥状态，则要立刻换下或取下，否则会进一步降低人体的体温，起到反作用。

3. 坚持冬季运动，增强抵抗力。

天气一冷，很多家长就不让幼儿外出，总担心天气冷会让幼儿生病，其实若坚持适宜的体育锻炼，不仅可以调养肺气，还有利于增强各组织器官的免疫功能和身体对外界寒冷刺激的抵御能力。另外，并不是所有运动都适宜在冬季开展，尽量选择轻松平缓、活动量不大的项目，如慢跑、骑车、踢球、轮滑、踢毽子、跳绳等户外运动。

4. 室内要通风、消毒。

冬季室外天气寒冷，室内温暖舒适，我们往往忽略开窗通风，但是流感主要通过空气飞沫经呼吸道传染，而通风就是最好的消毒方式之一。保持在室内空气是流通的，这样可以尽快把含有病毒的空气放出，换入新鲜空气，开窗时间不一定很长，保证每次 10 分钟或者半小时左右，这样就可以达到很好的换气效果。如必要时，可进行室内消毒，预防感冒。

常用的消毒方法主要有两种：一种是蘸取按比例调配后的消毒液或漂白粉来进行擦拭或喷洒消毒，另一种是用食醋根据室内面积和一定兑水比例进行比配后慢火熏蒸，食醋里面含有醋酸成分，有很好的杀菌效果，也能够预防感冒。

5. 用电、取暖隐患大。

寒潮来袭，用电量急剧增加的情况下较容易出现用电安全隐患，幼儿园更应当加强防火和用电安全意识。比如，离开屋时教师要有意识关闭电脑、空调等设备电源，手机电池等蓄电池充电时，务必做到人走断电，杜绝安全隐患；空调、电暖气等大功率设备使用专用插座，尽量减少在一个电源插排上安插过多插头，以免插座过载而发生危险；电气设备如使用时出现糊味、焦味，须立即切断电源，及时请专人排查检修。安全用电可以说关乎每个人的生命财产安全，师幼要自觉遵守用电安全要求，才能防患于未然。

（北京市六一幼儿院　周佳琳　贾紫怡）

安全小贴士 >>>>>>>>

寒潮预警信号及防御指南

寒潮预警信号分四级，分别以蓝色、黄色、橙色、红色表示。

一、寒潮蓝色预警信号

标准：48 小时内最低气温将要下降 8℃以上，最低气温小于等于 4℃，陆地平均风力可达 5 级以上；或者已经下降 8℃以上，最低气温小于等于 4℃，平均风力达 5 级以上，并可能持续。

防御指南：

政府及有关部门按照职责做好防寒潮准备工作；

注意添衣保暖；

对热带作物、水产品采取一定的防护措施；

做好防风准备工作。

二、寒潮黄色预警信号

标准：24 小时内最低气温将要下降 10℃以上，最低气温小于等于 4℃，陆地平均风力可达 6 级以上；或者已经下降 10℃以上，最低气温小于等于 4℃，平均风力达 6 级以上，并可能持续。

防御指南：

1. 政府及有关部门按照职责做好防寒潮工作；

2. 注意添衣保暖，照顾好老、弱、病人；

3. 对牲畜、家禽和热带、亚热带水果及有关水产品、农作物等采取防寒措施；

4. 做好防风工作。

三、寒潮橙色预警信号

标准：24 小时内最低气温将要下降 12℃以上，最低气温小于等于 0℃，陆地平均风力可达 6 级以上；或者已经下降 12℃以上，最低气温小于等于 0℃，平均风力达 6 级以上，并可能持续。

防御指南：

1. 政府及有关部门按照职责做好防寒潮应急工作；

2. 注意防寒保暖；

3. 农业、水产业、畜牧业等要积极采取防霜冻、冰冻等防寒措施，尽量减少损失；

4. 做好防风工作。

四、寒潮红色预警信号

标准：24 小时内最低气温将要下降 16℃以上，最低气温小于等于 0℃，陆地平均风力可达 6 级以上；或者已经下降 16℃以上，最低气温小于等于 0℃，平均风力达 6 级以上，并可能持续。

防御指南：

1. 政府及相关部门按照职责做好防寒潮的应急和抢险工作；

2. 注意防寒保暖；

3. 农业、水产业、畜牧业等要积极采取防霜冻、冰冻等防寒措施，尽量减少损失；

4. 做好防风工作。

摘自《气象灾害预警信号发布与传播办法》（中国气象局第 16 号令），见中国气象局网站。

第五节　高温的安全防护

中国气象局表示，日最高气温达到或超过 35℃时称为高温，连续数天（3 天以上）的高温天气过程称为高温热浪，也称为高温酷暑。高温天气分为两种，划分标准与湿度有关，湿度较小为干热性高温，湿度较大为闷热性高温，即俗称的"桑拿天"。夏季气温超过 37℃ 时，人体会感到不适，高温时人体散热主要通过汗液蒸发，当周围环境高于人体的正常体温，而且通风较差、湿度较高时就很容易中暑。

一、高温易出现的安全问题及防护措施

幼儿皮肤娇嫩，体温调节机能较弱，高温天气下易出现中暑、晒伤等情况，对幼儿身体造成伤害。在高温酷暑天气下，做好防暑降温工作是确保幼儿健康的重要手段。

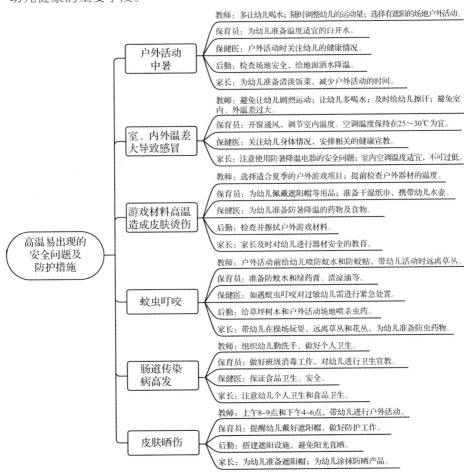

高温易出现的安全问题及防护措施

户外活动中暑
- 教师：多让幼儿喝水；随时调整幼儿的运动量；选择有遮阳的场地户外活动。
- 保育员：为幼儿准备温度适宜的白开水。
- 保健医：户外活动时关注幼儿的健康情况。
- 后勤：检查场地安全，给地面洒水降温。
- 家长：为幼儿准备清淡饭菜，减少户外活动的时间。

室、内外温差大导致感冒
- 教师：避免让幼儿剧烈运动；让幼儿多喝水；及时给幼儿擦汗；避免室内、外温差过大。
- 保育员：开窗通风，调节室内温度。空调温度保持在25～30℃为宜。
- 保健医：关注幼儿身体情况，安排相关的健康宣教。
- 家长：注意使用防暑降温电器的安全问题；室内空调温度适宜，不可过低。

游戏材料高温造成皮肤烫伤
- 教师：选择适合夏季的户外游戏项目；提前检查户外器材的温度。
- 保育员：为幼儿佩戴遮阳帽等用品；准备干湿纸巾，携带幼儿水壶。
- 保健医：为幼儿准备防暑降温的药物及食物。
- 后勤：检查并擦拭户外游戏材料。
- 家长：家长及时对幼儿进行器材安全的教育。

蚊虫叮咬
- 教师：户外活动前给幼儿喷防蚊水和防蚊贴，带幼儿活动时远离草丛。
- 保育员：准备防蚊水和绿药膏、清凉油等。
- 保健医：如遇蚊虫叮咬对过敏幼儿需进行紧急处置。
- 后勤：给草坪树木和户外活动场地喷杀虫药。
- 家长：带幼儿在操场玩耍，远离草丛和花丛，为幼儿准备防虫药物。

肠道传染病高发
- 教师：组织幼儿勤洗手，做好个人卫生。
- 保育员：做好班级消毒工作，对幼儿进行卫生宣教。
- 保健医：保证食品卫生、安全。
- 家长：注意幼儿个人卫生和食品卫生。

皮肤晒伤
- 教师：上午8~9点和下午4~6点，带幼儿进行户外活动。
- 保育员：提醒幼儿戴好遮阳帽，做好防护工作。
- 后勤：搭建遮阳设施，避免阳光直晒。
- 家长：为幼儿准备遮阳帽；为幼儿涂抹防晒产品。

二、典型案例分析与解读

防暑小妙招

（一）案例描述

临近 7 月，天气越发炎热，六六虽然戴着遮阳帽，依然可以见到他的

小脸红扑扑的，汗水沿着脸颊向下淌。六六喘着粗气走到树荫下休息："老师，天气太热了，我感觉已经中暑了。"淘淘听了说："你中暑了赶快吹空调呀，这样就感觉不那么热了。"七七说："还可以吃冰棍，我最喜欢吃冰棍，凉凉的、甜甜的。"

六六看到在一边跳绳的晨晨的脸蛋也是红扑扑的，还没戴遮阳帽，立刻上前招呼他来休息："晨晨，你快过来休息一下吧，你看你都中暑了。"晨晨并没有停下跳绳，回答道："夏天出汗很正常，这才不叫中暑呢，我都没感觉难受。"六六来找老师"搬救兵"："老师，您快去看看晨晨，他中暑了还在跳绳呢。"晨晨听了，大声喊道："我才没中暑呢，六六说的不对。"

（二）案例分析

众所周知，地震、雪灾属于自然灾害，其实高温也是自然灾害的一种，深深影响着个人的生活与健康，却不容易引起幼儿及成人的重视。 通过上述案例描述可知：

1. 幼儿对于在高温天气保护自己的认识不够清晰。

案例中六六是较有高温防护意识的幼儿，但是对于中暑等相关知识的了解不够清晰；晨晨并不清楚什么样的行为会导致中暑，还需教师通过多种方式进行引导；七七和淘淘面对高温采取吃冰棍、吹空调的方式降温，也并非健康、值得推荐的方法。 综上所述，幼儿对于高温下如何保护自己的认知经验尚浅。

2. 家长在高温天气对幼儿的防护措施不到位。

案例中，晨晨的家长没有为他提供遮阳帽等防护工具，高温天气时，幼儿戴遮阳帽很有必要，不仅可以直接阻挡紫外线照射皮肤，还能有效保护眼睛，更能起到较好的降温效果。 另外，比起其他的防晒降温设备，幼儿用太阳帽相对安全、方便。

3. 在高温天气中，教师组织活动不适宜，对幼儿的关注度不够。

案例中的教师在高温天气带领班级幼儿进行户外跳绳活动，无论是户外时间还是活动安排均未达到科学、合理的要求；看到幼儿因跳绳大量出汗后忽视了幼儿身体状况，未及时提示幼儿休息或补充水分，可见高温防护意识还需加强。 教师可在幼儿运动时观察是否存在先兆中暑症状，如身体出汗、四肢无力、注意力不集中、动作不协调等，若出现此类症状，应及时将幼儿转移到阴凉通风之处，迅速补充水分，短时间内幼儿即可恢复。

（三）出谋划策

通过案例分析可知，高温天气与幼儿的健康息息相关，需要教师及家长加以关注与重视，只有做好预防工作，才能有效避免高温带来的伤害。接下来将从衣、食、行三个方面分别给予教师及家长预防中暑的策略，仅供参考。

1. 衣着防暑小妙招。

（1）高温天气，最好为幼儿选择易吸汗、宽松、透气的衣服，纯棉、亚麻材质最适宜，棉质衣物吸汗、透气性好，亚麻材质孔隙大、透气性及吸水性好。

（2）夏季出汗多，幼儿需勤洗澡、更换衣物，尤其内衣，更要增加更换频率，能够有效避免患皮炎等皮肤性疾病。

（3）高温天气若穿紧身服饰，尤其是胸部、腰部、袖口处等有松紧带的款式，极易造成闷热，衣着尽可能以宽松为宜，最好为领、袖、裤腿等处敞开的款式。

2. 饮食防暑小妙招。

（1）夏日保证幼儿每日饮水充足，以防中暑。

夏天由于出汗量增多，身体容易出现缺水现象，甚至会流失许多矿物质，补充水分可补充身体流失的水分和矿物质。无论幼儿园还是家中，都应备足温度适中的饮用水，保证幼儿每天充足的饮水量；夏季大量出汗后饮用自制的果蔬汁，能够消暑降温，补充水分，补充维生素、蛋白质和矿物质；市面上各种甜饮料高糖、高能量，营养素也较为单一，夏季不推荐大量饮用，更不能代替白开水饮用；高温天气喝冰水一时凉爽，可能会引起肠胃不适，甚至腹泻，一时的解暑降温，会对脾胃造成伤害，得不偿失。

（2）夏日饮食宜多吃果蔬，如西红柿、胡萝卜、西柚等。

西瓜特别适合夏季食用，是瓜类中清暑解渴的首选，因其含有 96.6% 的水分，能够补充夏天人体散失的大量水分，所以民间有"每天半个瓜，酷暑能算啥"的说法。

夏季饮食宜清淡，以清热解火为主，应多食用黄瓜、冬瓜、苦瓜等有助于清热解暑的食物。绿豆汤一直是民间最常用的消暑解毒良药，因绿豆有消暑止渴、清热解毒之效，推荐夏季饮用。

3. 户外防暑小妙招。

（1）科学合理地安排户外活动，调整夏令时作息时间。

夏季正午阳光最充足，尽量避免幼儿在烈日下外出运动，早上或下午户外场地出现阴凉地带，可组织幼儿进行户外活动，既保证幼儿的活动时间，又避免幼儿中暑，具体户外活动时间因地制宜，可灵活掌握。

（2）幼儿在高温天气下外出，需做好防晒工作。

幼儿比成人更需要防晒，因为幼儿角质层比较薄，皮肤保护机制尚未发育成熟，对紫外线的承受能力比较差。成人可为幼儿选择如穿防晒衣、佩戴太阳镜、头戴遮阳帽，使用太阳伞等方式进行物理防晒，若户外日照强烈、紫外线指数高，可选择为幼儿涂抹适宜的防晒霜，需特别注意在洗脸或洗澡时将防晒霜清洁干净，因为防晒霜中的防晒剂会附着在皮肤表面，再夹杂出门在外的污垢，长时间在皮肤停留不仅会刺激皮肤还会堵塞毛孔，还会引起幼儿皮疹等诸多皮肤症状。

（北京市六一幼儿院　周佳琳　陈　娜）

安全小贴士 ＞＞＞＞＞＞＞＞

预防中暑核心信息

1. 中暑是指在高温环境下，人体体温调节功能紊乱引起的急性中枢神经系统和循环系统功能障碍，高温作业和夏季高发。

释义：人的体温受下丘脑体温调节中枢控制，人体通过皮肤血管扩张、体内血液流速加快、排汗、呼吸、大小便等散发体内热量。在高温、高湿、暴晒、通风不良的环境中，人体会出现散热障碍，导致体内热量蓄积，发生中暑。过劳、睡眠不足、工作强度大是主要诱因，老人、儿童及有基础性慢性病者易发。

2. 中暑初期会出现头痛、头晕、心悸，体温升高等症状，严重的会出现恶心、呕吐、痉挛、昏迷和意识丧失，甚至死亡。

释义：根据中暑的症状可分为先兆、轻度和重症中暑三类。先兆中暑是指在高温环境中出现乏力、大汗、口渴、头痛、头晕、眼花、耳鸣、恶心、胸闷等症状。除以上症状外，轻度中暑主要表现为面色潮红、皮肤灼热、体温升高至38℃以上，也可伴有恶心、呕吐、面色苍白、脉率增快、血压下降、皮肤湿冷等；重症中暑除轻度中暑表现外，还有痉挛、腹痛、高热昏厥、昏迷、虚脱或休克，严重的会引起死亡。

3. 发生中暑要及时降温、休息和补水，重症患者应及时就医。

释义：出现中暑先兆或轻度中暑，应及时转移至阴凉、通风处静卧休息，密切观察体温、脉搏、呼吸和血压变化。可饮用淡盐水、冷西瓜水、绿豆汤等进行补水，同时服用仁丹、十滴水或藿香正气散等防暑降温药物。对于出现脱水、循环衰竭、痉挛、高热等症状的重症中暑病人应及时送到医院进行急救处理，救治重点是降低体温，纠正体内水、电解质紊乱和酸中毒，积极防治休克及肺水肿。

4. 遵守高温作业规程，避免长时间滞留于高温、高湿、密闭环境中。

释义：高温作业应严格遵守规程；夏季室外作业，应积极采取防晒措施，避免长时间暴露于高温、高湿、密闭环境中。应保证足量饮水，每天 1.2～1.5 升，不能等渴了再喝，大量出汗后应适量饮用盐水。注意劳逸结合，加强体育锻炼，增加身体的环境适应能力，可减少中暑的发生。

摘自《预防中暑核心信息》，见国家卫计委宣传司网站。

第六节　雾霾的安全防护

随着我国很多地区空气污染加重，人们将"雾"并入"霾"统称为"雾霾天气"进行预警预报。雾霾主要由二氧化硫、氮氧化物和可吸入颗粒物组成，其中，细颗粒物（PM2.5），即空气动力学当量直径小于等于 2.5 微米的污染物颗粒对人们的危害最大。当人们的生产、生活的排放量超过大气循环能力和承载度，空气中的细颗粒物浓度将不断积聚，如果此时受静稳天气等影响，极易出现大范围的雾霾。雾霾对人体健康、生态环境和交通都会造成很大危害，尤其是对易感人群，如幼儿、孕妇等危害更大。幼儿园是幼儿生活、学习的重要场所，应全面、有计划地应对雾霾，营造安全的环境，保障每名幼儿的健康。

一、雾霾易出现的安全问题及防护措施

雾霾是工业化社会发展进程中不可避免的环境现象。经过我国政府的大力治理，雾霾污染已经得到了极大的改善。但在北方的冬季可能还会出现少数的雾霾现象。如果遇到雾霾天气，家园应相互配合，共同做好幼儿的安全防护工作，保护幼儿的健康和安全。

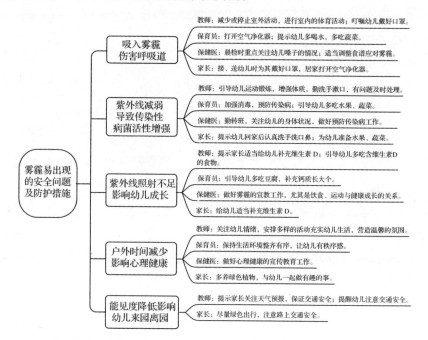

二、典型案例分析与解读

雾霾来了怎么办？

（一）案例描述

今天是雾霾天气，小朋友都戴口罩来园，彤彤的口罩只遮住了嘴巴，鼻子露在了外面，进教室时她把口罩摘下并放进了柜子里。诚诚问："王老师，天天怎么没有来啊？我都想他了！"我说："天天得过哮喘，雾霾天时，他一到户外就喘，所以没有来园。"诚诚接着说："雾霾真是太讨厌了，我今天嗓子也不舒服。"我接着问："那你们知道雾霾是什么吗？"帅帅说："雾霾就是灰灰的天，空气特别脏。"其他小朋友也围了过来。我问："你们知道雾霾有什么危害吗？"浩桐说："今天，我来幼儿园的时候都看不清楚路了。"果果说："妈妈说雾霾颗粒很小，吸进肺里就出不来了，还容易生病。"我说："你们说的对，雾霾对我们身体有很大的危害，那我们

应该怎么办呢?"月亮说:"雾霾天,我们要戴好口罩。"小雨说:"我们要认真洗手。"诚诚补充道:"对,要勤洗手、洗鼻子,因为雾霾粘在手上,吸进鼻子对身体不好。"

户外活动的时间到了,帅帅说:"老师,我好想出去玩啊!"六六说:"不行,雾霾天不能去室外玩,只能在班里玩。"新亭说:"柜子里有口罩,我们戴口罩出去玩吧!"

(二)案例分析

雾霾是一种极端天气,给人们的生活带来不便,人们也有一些应对措施,幼儿也了解一些应对雾霾的方法,但是只知其然不知其所以然的情况还是存在的。

1. 幼儿对雾霾的影响有感知,但一知半解,缺乏对雾霾的全面认识。

从上述案例中可以看出,幼儿能切实地感受到雾霾对生活的影响。比如,嗓子不舒服、看不清楚路等。但他们对雾霾的认知是模糊的,不够深入和具体,有待提高。

2. 幼儿缺乏应对雾霾天气的自我保护的常识和方法。

大班幼儿对雾霾的危害有一些基本的认识,知道雾霾对身体有害。比如,对嗓子有刺激,对肺部有伤害等。幼儿也了解一些基本的自我保护的方法。比如,勤洗手,戴口罩等。但他们的认知比较粗浅,主要源自直观经验。当他们看到雾蒙蒙的天气,看到人们戴口罩,能感受雾霾对生活的影响,但具体到对人体有哪些危害及其原因,他们不清晰了。所以,在日常生活中,教师和家长适时对幼儿加以引导,使其科学地认识雾霾,提高自我保护意识。

3. 幼儿欠缺自我保护行为的执行力。

在本案例中,多数幼儿能够戴着口罩来幼儿园,能够保护自己,但是也有幼儿还不会正确佩戴口罩。如果口罩没有全面遮盖住口和鼻,就不能有效地保护自己。

爱玩是幼儿的天性,即使是在雾霾天,他们也想到户外去游戏。有的幼儿知道雾霾天不适宜户外活动,可以做到不到户外去;有的幼儿在控制自己的行动方面有困难,很想去户外活动;也有的幼儿试图佩戴口罩到户外运动。空气质量不好时,去户外活动是不适宜的行为。

(三)出谋划策

当遇到雾霾天气时,教师和家长不仅要做好自我防护,还要帮助幼儿做好防护工作,更重要的是要培养幼儿自我保护的意识和能力,保护幼儿的健康。

1. 教师利用多种资源、教育形式对幼儿进行防雾霾教育。

教师利用图片、视频、实物、宣传片及真实事件等方式，引导幼儿认识和理解雾霾。 幼儿作为特殊的群体，不仅身体弱小，而且其认知方式也有别于成人，直观生动的教育形式有助于幼儿的理解和接受。 比如，观察口罩，讨论幼儿戴口罩的身体感受等。

教师还可以利用身边的资源，如开展"大带小""大夫阿姨宣讲""家长资源"等教育活动，从不同的角度对幼儿进行自我防护的教育。"大带小"是幼儿园重要的学习资源。 比如，大班的幼儿给中小班幼儿进行安全教育知识的宣讲等。 一方面对于大班幼儿来说可以巩固已有的知识，进一步激发幼儿自我保护的意识，另一方面小班幼儿喜欢和哥哥姐姐的互动，激发他们参与活动、了解雾霾和学习自我保护知识的积极性；大夫阿姨作为医学专业人士也可以参与到活动中，这会让幼儿更加信服，能够从医学的角度认识雾霾，理解空气质量和人体健康的关系，丰富幼儿自我保护的方法等；家长是幼儿园重要的教育伙伴，有的家长从事与气象相关的工作，他们对天气的认识会更加专业。 家园合作，共同引导幼儿正确认识空气污染问题，提高幼儿的自我保护意识和环境保护意识。

2. 帮助幼儿学会防雾霾的具体方法。

（1）引导幼儿学习正确使用口罩的方法。 应对雾霾，重要的保护措施就是佩戴防雾霾口罩，如果佩戴口罩的方式不正确，很难起到保护作用。所以，平时教师应当教幼儿正确佩戴口罩。

（2）从户外进入室内，引导幼儿认真洗手、漱口及清洗鼻孔。 如果从户外进到室内，教师要引导幼儿用七步洗手法认真洗手，用清水或淡盐水漱口、清洗鼻孔。 如果是回到家中，家长要让幼儿更换衣服。 教师不仅要教给幼儿防护方法，还要让幼儿知道为什么这样做，以提高幼儿的自我保护的主动性。

3. 良好的生活方式是应对雾霾最重要的措施之一。

幼儿处于身体发育期，教师和家长要引导幼儿科学膳食和加强锻炼，提高免疫力。 比如，引导幼儿多吃水果、蔬菜，以保证维生素的摄入量；要多饮水，保持喉咙湿润，减少雾霾对呼吸系统的刺激。 同时，教师要为幼儿安排合适的室内活动，适当增加锻炼。

4. 加强环境保护，帮助幼儿树立保护环境从我做起的观念。

通过我国政府的大力治理，目前雾霾污染已经得到了有效的控制。 雾霾天气与人类的活动息息相关，只有爱护地球，保护好环境，才能减少污染，保持良好的空气质量。因此，需要我们家园协同培养幼儿的环境保护意识，如不乱扔垃圾、少用塑料袋等，帮助幼儿树立保护环境从我做起的观念。

（北京市六一幼儿院　王孟怡）

安全小贴士 >>>>>>>>

正确佩戴口罩

把口罩的耳带绕在耳朵上或将头带分别置于头顶后及颈后。用双手的食指及中指由中央顶部向两旁同时按压金属条，使口罩紧贴面部，完全覆盖口鼻。口罩每次佩戴后，必须进行气密性检查。即双手捂住口罩呼气，若感觉有气体从鼻夹处漏出，应当重新调整鼻夹；若感觉气体从口罩两侧漏出，需要进一步调整头带、耳带位置；如果不能密合，需要更换口罩型号。取下口罩后，应当对折放入干燥密闭的塑料袋中保存。

第七章　极端天气的安全防护